U0685855

张伟　张磊　著

视频
学习版

图解|篮球训练

技战术与体能训练
200项

人民邮电出版社

北京

图书在版编目（CIP）数据

图解篮球训练：技战术与体能训练200项：视频学习版 / 张伟，张磊著. — 北京：人民邮电出版社，2023.3
ISBN 978-7-115-59626-0

Ⅰ. ①图… Ⅱ. ①张… ②张… Ⅲ. ①篮球运动—运动训练—图解 Ⅳ. ①G841.2-64

中国版本图书馆CIP数据核字(2022)第116264号

免责声明

作者和出版商都已尽可能确保本书技术上的准确性以及合理性，并特别声明，不会承担由于使用本出版物中的材料而遭受的任何损伤所直接或间接产生的与个人或团体相关的一切责任、损失或风险。

内 容 提 要

本书精选了 200 项篮球基础技战术与体能训练方法，采用图文结合视频展示的方式进行讲解，将会为篮球初学者、有一定经验的练习者以及篮球教练和体育老师提供丰富的学习和教学内容。本书首先讲解了篮球入门的基础练习技巧，涉及基本的姿势、步法、熟悉球的练习，然后重点介绍了运球、传接球、投篮、1v1 制胜、基础配合技巧以及强化爆发力、力量和速度灵敏性的体能训练技巧，致力于为读者提供丰富、系统的篮球训练内容，帮助其提升篮球水平。

◆ 著　　　　张 伟 张 磊
　　责任编辑　林振英
　　责任印制　马振武

◆ 人民邮电出版社出版发行　　北京市丰台区成寿寺路 11 号
　　邮编　100164　　电子邮件　315@ptpress.com.cn
　　网址　https://www.ptpress.com.cn
　　北京七彩京通数码快印有限公司印刷

◆ 开本：700×1000　1/16
　　印张：13.75　　　　　　　　2023 年 3 月第 1 版
　　字数：299 千字　　　　　　 2025 年 8 月北京第 5 次印刷

定价：79.80 元

读者服务热线：**(010)81055296**　印装质量热线：**(010)81055316**
反盗版热线：**(010)81055315**

前言

现代篮球一直处在发展和变化之中，正朝着智博谋高、快速机敏、灵活准确、顽强凶悍、打法多样的方向发展。当前"智、快、准、狠、多变"已赋予篮球人新的内容和要求，因此，篮球技术训练必须紧跟发展趋势。同时，我们要树立和培养正确的篮球理念和思想，运用科学有效的训练方法和手段，循序渐进，不断地全面提高篮球基础技术。本书结合现代篮球的特点，旨在为每一位青少年篮球运动员或篮球爱好者提供科学、实用的篮球训练方法和手段。

本书共分为9章，包括姿势与步法、熟悉球、运球、传接球、投篮、篮板球、1v1制胜、基础配合和体能训练等内容。与国内同类书相比，本书具有以下特点：第一，汇集了目前世界上多种先进的训练方法，并细致归纳为200例，覆盖面广，知识要点突出；第二，适用范围广、实用性强，既可为培养专业的青少年篮球运动员提供有效手段，也可为我国广大篮球爱好者提供实用性强的训练方法，为加快实施我国全民健身计划和篮球视野发展提供服务；第三，撰写本书的两位作者均来自专业体育院校，对篮球运动的理解和运动员的培养有着独到的见解和丰富的经验。

不积跬步，无以至千里，点滴基础的积累才能筑起高楼。要想提高自己的篮球水平，首先应具备良好的篮球基本功，要从学习和训练篮球基础技术入门。篮球基础技术是指篮球各类技术动作中具有共性的动作，也是篮球比赛中常用、典型、必须掌握的动作；同时也是一种动作模式，具有完整的动作结构，具备一定的科学性和合理性。篮球基础技术要从基本的姿态、脚步练起，有球训练如此，无球训练亦如此。因此，要想提高篮球水平，必须全面、准确地训练基础动作，只有正确地掌握了基础动作，才能向高难度技术迈进。除此之外，本书还介绍了1v1攻防技术动作和简单的战术知识，以及篮球专项体能训练方法，以更全面地帮助读者提升自己的篮球运动水平。

由于作者的水平、经验有限，书中难免有不妥之处，敬请广大读者批评指正。

作者简介

张伟

硕士、副教授、国际级篮球裁判，就职于山东体育学院；主要从事篮球教学与训练、竞赛及裁判员培养等方面的工作。现担任中国中学生体育协会裁判委员会常委、山东省篮球运动协会裁判员委员会副主任、山东省体能康复协会专家顾问。曾参加亚洲沙滩篮球比赛、亚洲U16青年女篮比赛等国际性赛事；多次执裁WCBA和CUBA赛事的开幕式、季后赛、总决赛和全明星赛，多次获得WCBA及全运会优秀裁判称号。发表多篇核心期刊论文，参与并主持厅局级及省部级以上课题2个，创编《高校篮球运动教学理论与方法研究》《篮球裁判法的运用与实践》等图书。

张磊

硕士、副教授、国际级篮球裁判，就职于首都体育学院；现担任中国篮球协会裁判委员会考核组成员、北京市篮球运动协会裁判委员会副主任。曾参与北京奥运会、广州亚运会、深圳大运会、2019男篮世界杯的竞赛组织工作。曾执裁世界军人运动会、世界中学生运动会、亚洲青年锦标赛等国际性赛事；多次执裁CBA、WCBA和CUBA等赛事的开幕式、季后赛、总决赛和全明星赛。2020年获得CBA十佳裁判称号。发表多篇核心期刊论文，参与省部级以上课题6个，创编《篮球裁判手势操》等8本图书。

在线视频观看说明

本书提供部分技术的动作展示视频，您可通过微信"扫一扫"，扫描书中的二维码进行观看。

步骤 1　打开微信"扫一扫"（图 1）。

步骤 2　扫描技术动作讲解页面上的二维码。

步骤 3　如果您尚未关注微信公众号"人邮体育"，扫描后会出现"人邮体育"的二维码。请根据说明关注"人邮体育"，并在关注后点击"资源详情"（图 2），即可进入动作视频观看页面（图 3）。如果您已关注微信公众号"人邮体育"，扫描后可直接进入动作视频观看页面。

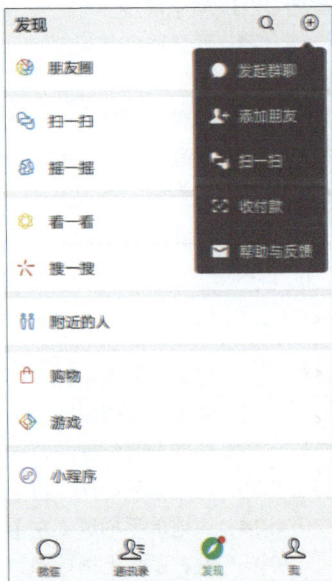

图 1

图 2

图 3

扫描右方二维码添加企业微信。

1. 首次添加企业微信，即刻领取免费电子资源。

2. 加入体育爱好者交流群。

3. 不定期获取更多图书、课程、讲座等知识服务产品信息，以及参与直播互动、在线答疑和与专业导师直接对话的机会。

目录

第1章 姿势与步法的相关技巧

第2章 熟悉球的相关技巧

第3章 运球的相关技巧

第4章 传接球的相关技巧

第5章 投篮的相关技巧

第6章 篮板球的相关技巧

第7章 1v1 制胜相关技巧

第8章 基础配合

第9章 体能训练

图例

👤 进攻球员

👤 防守球员

🏀 篮球

Ⓐ Ⓑ Ⓒ Ⓓ 球员A、B、C、D

① ② ③ ④ 步骤1、2、3、4

┄┄┄► 传球路线

───► 移动路线

∿∿∿► 运球路线

├┄┄┄┄┤ 距离

姿势与步法的相关技巧

第1章

本章主要介绍了篮球的基本姿势及步法，有助于球员养成良好的习惯，学会更好地控制自己的身体、速度、平衡等。标准的动作可以为提升技术打下扎实的基础，无论是防守还是进攻，每一个技术动作都在基础的姿势和步法中有章可循。

技巧 001

▶身体基本姿势（持球）

等级 ★☆☆☆☆　　⏱时间 2分钟

正面状态

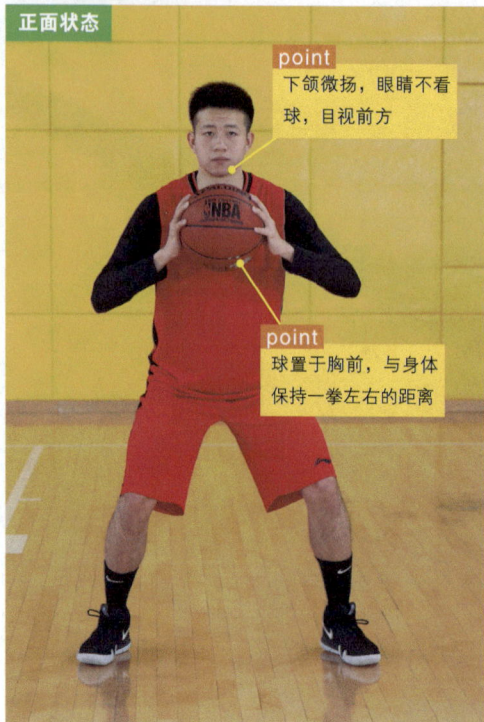

point
下颌微扬，眼睛不看球，目视前方

point
球置于胸前，与身体保持一拳左右的距离

侧面状态

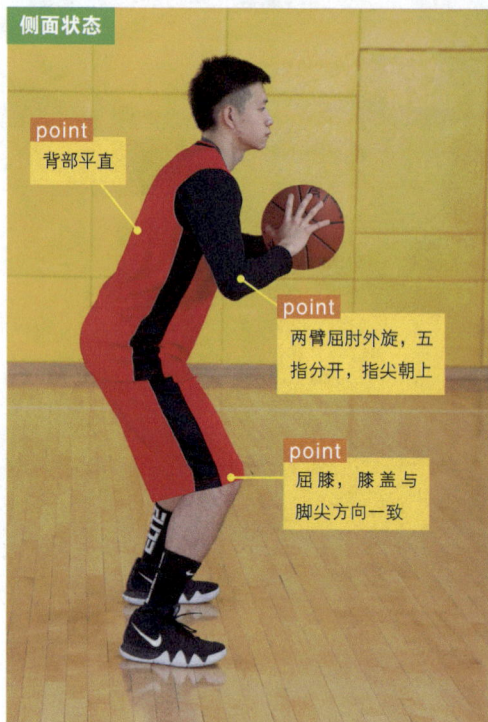

point
背部平直

point
两臂屈肘外旋，五指分开，指尖朝上

point
屈膝，膝盖与脚尖方向一致

🔑 **技术要领**

双脚间距大于肩宽，降低重心

此姿势是篮球运动的基本姿势，也是所有动作的基础。双脚打开，平行站立，间距大于肩宽，脚尖微微外展，降低身体重心，保持稳定，这样有利于球员跳得更高，移动更快速。注意全身关节都不要锁死，保持身体处于能随时进行下一个动作的灵活状态。

扫一扫，看视频

第1章

技巧
002

姿势与步法的相关技巧

▶ **蹲起运动**

等级 ★★☆☆☆   ⏱时间 2分钟

扫一扫，看视频

point
屈膝，降低身体重心，掌心朝前，模拟随时准备接球的状态

point
由屈膝转为起身站立

point
屈膝深蹲，近似于坐立姿势，大腿与地面平行

目的 蹲起运动以无球身体基本姿势为基础，球员反复进行起身、下蹲练习，强化基本姿势。

其他角度

point
肘关节朝外

🔑 **技术要领**

尽量保持低重心

下蹲时，降低身体重心，将重量均匀分布在两脚。两臂屈肘，外展打开，掌心朝前，眼睛观察前方，模拟随时准备接球的状态。整个过程不要含胸，背部挺直，身体不要过于前倾。

▶ 防守基本姿势

等级　★★★★★　　🕐 时间　2分钟

扫一扫，看视频

正面状态

point
两臂微屈肘打开，一侧手置于低位，防止对手传球、运球变向等

point
一侧手抬起置于高位，可防止对手投篮、传球等

point
双脚间距大于肩宽

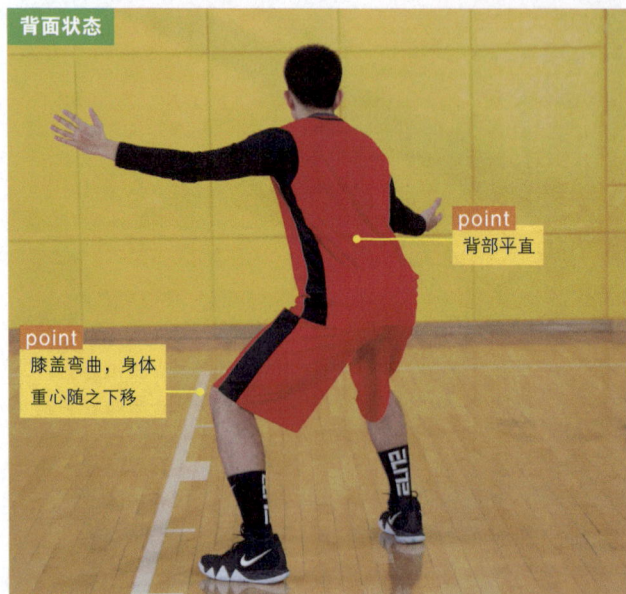

背面状态

point
背部平直

point
膝盖弯曲，身体重心随之下移

🔑 **技术要领**

尽量保持低重心

防守时，降低身体重心，双膝可屈曲至90~120度，两脚开立大于肩宽，身体重心支撑点在两脚前脚掌，手掌向前，目视前方，保持身体平衡。

技巧 004

▶ 防守基本姿势（对手运球时）

等级 ★☆☆☆☆　　🕐 时间　2分钟

正面状态

point 两臂张开，正面迎向对手

45度状态

point 防止对手从身体两侧传球、突破等

侧面状态

point 目视前方，实战中目光要紧跟对手

降低重心，让身体处于快速启动状态。

🔑 技术要领

用全身进行防守

当对手开始运球时，防守球员的身体姿势也应随之变化，打开双手正对持球球员，可缩减与对手之间的距离，双手上下挥动，干扰对手视线及传球；同时目光始终盯紧对手的动作变化，给对手造成一定的心理压力。

扫一扫，看视频

▶ **"三威胁"**

等级 ★☆☆☆☆　　🕐时间　2分钟

扫一扫，看视频

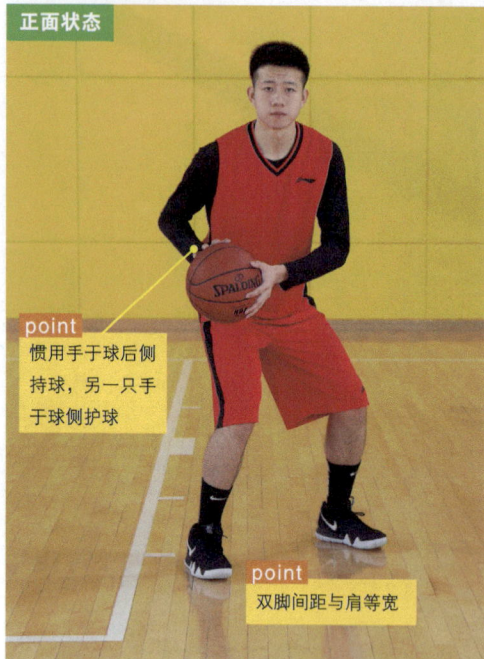

正面状态

point
惯用手于球后侧持球，另一只手于球侧护球

point
双脚间距与肩等宽

45度状态

point
球在身前，与腰部一侧齐平

定义　"三威胁"是一个基础的持球姿势，该姿势可快速转换为投篮、运球或传球等动作。

✕ 错误动作

持球位置不当

持球位置过低，无法快速进行投篮；持球位置过高，不便于掌控篮球，易被抢断。

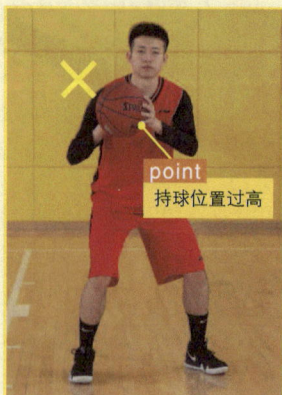

point
持球位置过高

⚠ 容易出现的错误

身体重心不稳，球距离身体较远。

✓ 纠正的方法

背部挺直，身体呈半蹲姿势，上半身不要过于前倾或后仰，屈膝降低身体重心。球与身体保持一拳左右的距离，便于护球。

技巧 006

▶ 跳步急停

等级 ★★☆☆☆　　⏱ 时间　1分钟

扫一扫，看视频

point
眼睛观察来球的方向

point
双手位于胸前，随时准备接球

point
起跳后，在空中接球

point
跳步急停有一个腾空的过程，前脚起跳

point
落地时，屈膝降低身体重心

point
落地后，双脚平行站立

⚠ 容易出现的错误

两只脚没有同时着地，身体晃动。

✓ 纠正的方法

进攻球员在行进间接球时，双脚同时落地并屈膝缓冲，保持身体稳定，可使自身快速改变进攻方向或开展下一步进攻（投篮或运球等）。

7

技巧
007

▶跑步急停（两步停）

等级 ★★☆☆☆　　⏱时间　1分钟

point
双手掌心朝前，准备接球

point
跑动状态

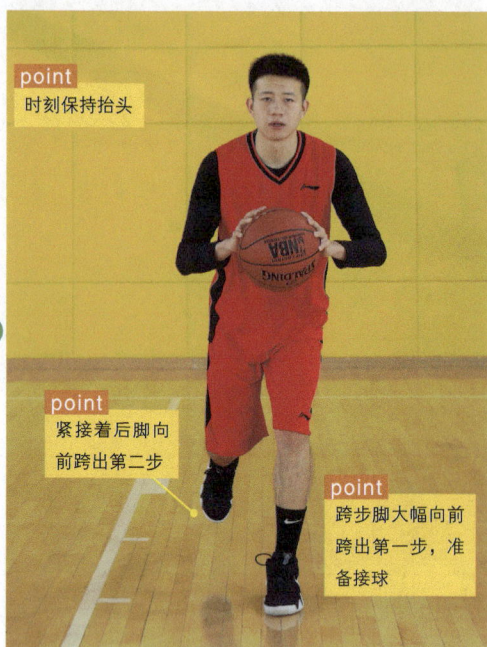

point
时刻保持抬头

point
紧接着后脚向前跨出第二步

point
跨步脚大幅向前跨出第一步，准备接球

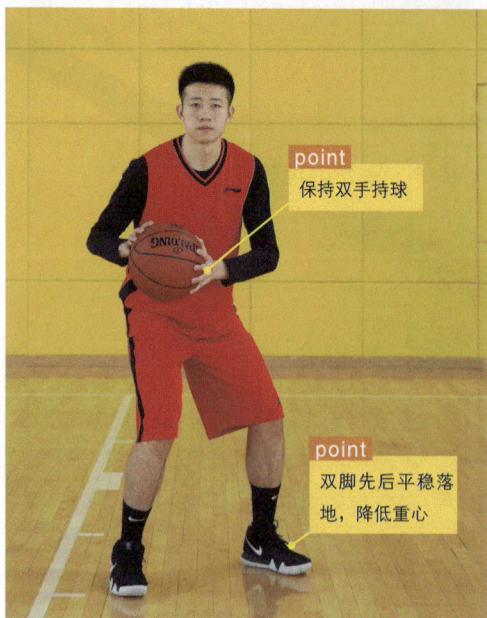

point
保持双手持球

point
双脚先后平稳落地，降低重心

🔑 技术要领

降低重心，保持平衡

与跳步急停不同的是，跨步急停是双脚先后落地，常应用于前转身。练习急停技术时，前脚掌内侧蹬地，制动前冲速度，注意跨步幅度要大，落地后屈膝，降低重心，保持身体平衡，以便切换后续动作时，快速而平稳。

扫一扫，看视频

技巧
008

▶ **90度前转和90度后转**

等级 ★☆☆☆☆　　⏱ 时间　2分钟

扫一扫，看视频

90度前转

point
双脚开立，双手持球于身侧

单脚为轴，另一只脚踮起控制方向。

point
利用前脚掌蹬地向前转动90度

point
以一侧脚为轴

point
旋转后稳定重心，双脚站定

90度后转

与90度前转要点一致，只是方向改变，向后转身。

技巧 **009**

▶ **180度前转和180度后转**

等级 ★★☆☆☆ ⏱时间 2分钟

180度前转

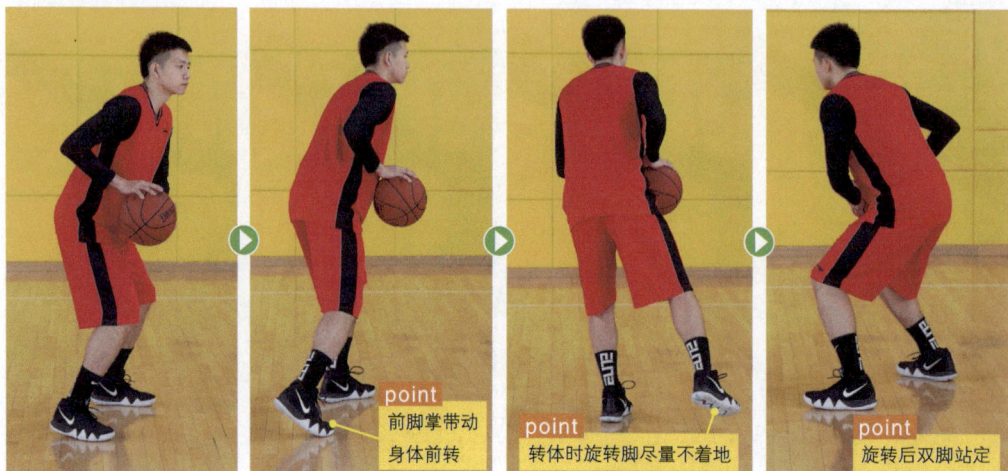

point
前脚掌带动
身体前转

point
转体时旋转脚尽量不着地

point
旋转后双脚站定

180度后转

point
降低重心

💡 **小提示** 与180度前转要点一致，只是方向改变，向后转身。

第1章

技巧
010

▶变向

等级　★★★☆☆　　　时间　2分钟

扫一扫，看视频

跑步向前，示意队友传球。

point 双手朝前做接球状

point 屈肘，五指自然分开

point 确定中枢脚，向前跨步

point 前手迎向来球的方向

point 向侧面跨一大步变向

换侧展示

point 抬起手臂准备接球

⚠ **容易出现的错误**

移动时重心过高，身体失去平衡。

√ **纠正的方法**

前脚掌内侧蹬地，另一侧脚迅速朝变动方向迈出第一步，屈膝降低重心。

11

技巧 011

▶ **双脚起跳**

等级 ★★☆☆☆　　⏱ 时间　1分钟

扫一扫，看视频

point 两臂于身后预摆

point 重心落在脚掌上

point 两臂向上摆动

point 前脚掌蹬地发力，双腿随手臂上摆时腾空跳起

point 两臂举过头顶，五指分开准备接球

充分伸展身体。

定义　双脚起跳是一种稳定性较高的起跳方式，降落时双脚亦同时着地。此动作常应用于篮下连续起跳抢篮板球或严密防守下的强行上篮。

腿部动作

双脚同时起跳同时落地。

⚠ **容易出现的错误**

朝前远跳而非垂直向上跳。

√ **纠正的方法**

起跳之前快速屈膝，双脚前脚掌蹬地发力，结合手臂上摆的惯性，增加向上的动力，垂直向上跳起。

第1章　姿势与步法的相关技巧

技巧
012

▶ **单脚起跳**

等级 ★★★☆☆　　时间 1分钟

扫一扫，看视频

point
双脚一前一后，背部挺直，准备起跳

point
前脚为起跳脚，屈膝，快速蹬地发力

point
身体向正上方跳起

前脚蹬地，后腿迅速抬起至大腿约与地面平行。两臂向上伸展，五指分开。

腿部动作

point
感受大腿向上折叠的感觉

🔑 **技术要领**

注意起跳前的姿势

移动时，若想获得更快的起跳速度和更高的跳跃高度，单脚起跳是绝佳选择，它将跑步的冲力转为向上的动力。但单脚起跳时，不易掌控身体平衡，不如双脚起跳稳定性强。起跳前，可适当减速，步伐变小，有助于起跳脚快速蹬地发力。

技巧
013

▶ **滑步**

等级 ★★☆☆☆　　⏱ 时间　2分钟

扫一扫，看视频

point
两臂打开，做防守基本姿势

point
向另一侧脚滑动靠近

point
率先向目标方向迈出

point
滑动跟近时两脚距离保持肩宽

🔑 **技术要领**

重心随身体挪动转移

滑步移动的过程中双脚不要并拢，保持屈膝，重心在两脚之间，保持身体稳定，不要上下起伏或左右晃动。滑步是防守的基础动作，球员可每天进行训练。

其他角度

point
双腿分开，扩大防守范围

point
双脚不并拢

技巧
014

▶ **交叉步**

等级 ★★★☆☆　　时间 2分钟

扫一扫，看视频

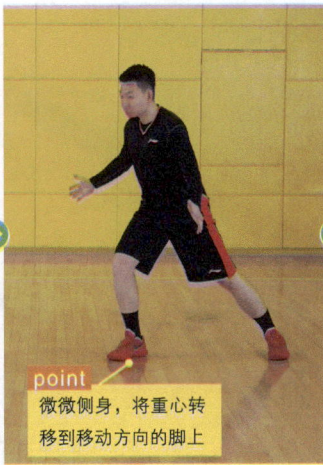

point
微微侧身，将重心转移到移动方向的脚上

point
另一侧脚向对侧跨一大步

定义　双腿横向交叉即交叉步。重点在于重心的移动和脚步的精准控制。

🔑 技术要领

及时转移重心，保持平衡

当对手运球路线较长时，防守球员可选择交叉步进行跑动防守。紧随对手移动的过程中，注意重心随迈步脚转移，在跑动中保持身体平衡。

其他角度

技巧 015

▶ 小碎步

等级 ★★★☆☆　　⏱ 时间　2分钟

扫一扫，看视频

point
重心转移到
着地的腿

point
小幅度抬起腿

point
再抬起另一侧腿

point
上半身尽量不
要来回晃动

定义　以基本的防守姿势为起势，小幅度抬起一侧腿，将重心转移到未抬起的一侧腿上，双脚交替踏步。

🔑 **技术要领**

手臂的灵活运用

为了防止对手突然进行传球和投篮，要把两臂张开进行防守，并上下挥动进行干扰。当对手高举球时，可伸手对球进行封盖，给对手施压。

第1章

姿势与步法的相关技巧

技巧
016

▶ **罚球区防守滑步**

等级 ★★★★☆　　⏱ 时间　2分钟

扫一扫，看视频

滑步过程中，双手上下摆动，模拟阻止对手传球、运球或投篮等。

point
呈防守基本姿势

point
站在限制区一侧边线内

移动路线

point
屈膝，保持低重心

🔑 **技术要领**

双脚不要靠拢，集中注意力

球员面向罚球线，站在限制区（篮筐周围的长方形区域）一侧边线内，开始滑步运动，横向移动至对侧边线。移动过程中，双手上下摆动，模拟阻止对手传球、运球或投篮等，视线紧盯球的运动路线。

技巧
017

▶ **三分线滑步**

等级 ★★★★☆　　　时间 2分钟

扫一扫，看视频

point
呈防守基本姿势

point
站在三分线上

point
另一只脚随即跟着移动

point
沿三分线迈出一步

point
在双脚落地的同时右脚再次跨出一大步

point
手臂上下摆动

🔑 **技术要领**

保持平衡，扩大防守面积

注意养成良好的防守习惯，躯干不随移动方向倾斜。移动脚部时，注意躯干尽量保持中立位。在滑步时双脚分开幅度要够大，双手张开，重心降低，这样会扩大防守面积，防守更有效率。

第1章 姿势与步法的相关技巧

技巧 018

▶ **前进步**

等级 ★☆☆☆☆ 时间 2分钟

扫一扫，看视频

point 双脚一前一后站立

point 前脚朝前迈步

point 后脚跟微抬

point 后脚随即跟随朝前移动

🔑 **技术要领**

前脚与对手保持一定距离

与滑步类似，前进步时双脚不交叉、不靠拢，双脚前后站立，向前运动。当对手向前行进时，防守球员可使用前进步，拉近与对手的距离或逼退对手，进攻球员也可使用前进步进行运球突破。

其他角度

point 手臂模拟防守上下摆动

▶后撤步

等级 ★☆☆☆☆　　⏱时间　2分钟

扫一扫，看视频

point
呈防守基本姿势

point
后脚向后撤一步

point
前脚随即跟着后撤

point
手臂上下摆动，交换
高低手位置

🔑 **技术要领**

双脚不交叉、不靠拢

后撤步与前进步相同，移动时双脚不交叉、不靠拢。其步法为双脚前后开立，后脚前脚掌蹬地发力后撤，前脚跟随后撤，双脚交替向后移动。步幅不宜过大，速度要快，屈膝保持重心。

技巧 **020**

▶ 箱子滑步

等级 ★★★★☆ ⏱ 时间 3分钟

扫一扫，看视频

> **point**
> 在限制区底线的某一个端点，呈防守基本姿势

> **point**
> 沿着底线进行滑步，至另一端点

> **point**
> 变换方向，滑步至对角线顶点

> **point**
> 变换方向，滑步至罚球线另一端点。完成后再沿对角线滑步至起始点

移动路线示意图

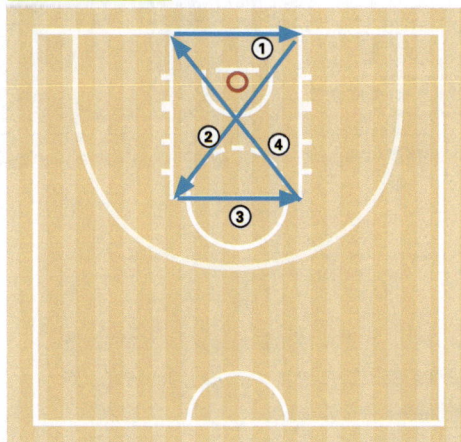

🔑 **技术要领**

灵活切换各种步法

箱子滑步主要是为了训练球员熟练使用滑步向各方向移动。球员按照左示图例的移动路线进行移动，也可以灵活设置路线，增加训练多样性。此练习旨在提升球员能灵活应对来自各个方向的进攻。

▶跟随防守练习

等级 ★★★★☆   时间 5分钟

point
呈防守基本姿势

point
持球准备前进

point
运球前进

point
使用滑步进行防守

point
加大步幅，重心
随跨步脚转移

point
加速前进

point
切换成交叉
步进行防守

🔑 技术要领

及时转移重心

此练习主要训练防守球员根据实际情况使用适宜的防守步法。在进攻球员开始运球时，防守球员采用滑步进行防守；当进攻球员加速前进时，防守球员使用交叉步加快步速，进行跑动防守，应对对手长距离的进攻。全程注意跨步时的重心转移，微屈膝保持身体稳定。

姿势与步法的相关技巧

▶ 1v1Z字形

等级 ★★★★★　　⏱ 时间 5分钟

扫一扫，看视频

于限制区一侧边线终点做准备。

point
呈三威胁姿势持球

point
双手持球举过头顶

point
运球前进

point
滑步至罚球线，持续防守

---

point
紧跟对手，后撤步至篮下圆弧线顶点

point
变换方向，沿对角线滑步至罚球线另一端点

交换角色，于限制区另一侧边线重复训练。

移动路线示意图

point
罚球线，罚球球员在此罚球

① ② ③

技巧
023

▶跳停、转体

等级 ★★★★★　　⏱时间 3分钟

扫一扫，看视频

point
在一侧边线持球

point
接近限制区边线时，停止运球，
跳步急停

point
以一侧脚为轴，
前转180度

point
传球给队友

point
双手朝前接球

其他角度

传球给队友后跑回原
位，交换角色练习。

🔑 **技术要领**

及时控制停止

此练习主要训练球员在运动
状态下，控制自己的身体随
时制动。跳停时注意屈膝进
行缓冲，保持身体平衡。两
名球员交换角色反复练习。

技巧 024

▶ 1追1圆圈滑步

等级 ★★★★★　　⏱ 时间 5分钟

扫一扫，看视频

point
两名球员皆呈防守姿势，于中圈线上面对面站立

point
同时启动滑步，一方追逐另一方

point
保持对立状态

point
可适当加速，不让对方靠近

🔑 技术要领

适当加速

此训练是滑步动作的加强训练。在训练过程中，两名球员沿中圈线滑步运动，始终保持对立状态，可适时加快速度，不让对方靠近，同时互相观察、提醒对方保持正确的姿势，可以锻炼球员的反应能力和调节速度的能力。

技巧 025

▶ "剃须"练习

等级 ★★★★★　　⏱ 时间　5分钟

扫一扫，看视频

两名球员搭档练习。两人面对面站立，球员A呈三威胁姿势持球，站于罚球线的中间位置，球员B站在限制区一侧边线的中间位置。

球员A运球至限制区另一侧边线的中间位置，持球转身，同时球员B跑至罚球线中间位置，两人面对面站立。球员A传球给球员B。

球员B接球后，转身运球，朝起始位置前进。

球员B运球至其起始位置，停住，转身面对罚球线，此时球员A跑回其起始位置。

🔑 技术要领

提升身体的掌控力

此训练的主要目的是让球员在成功接球后，能够顺利掌握持球转身、继续运球，或是停止运球后快速转身进行传球等连贯动作，以提升球员在变化速度和方向时对身体的掌控力。

熟悉球的相关技巧

第2章

本章将主要介绍有关篮球的球性练习，通过练习，充分感受篮球运转的速度、高度等。拥有良好的球感对于掌握规范的动作至关重要。

技巧 **026**

▶ **球的移动：左右耳-左右胯**

等级 ★★★☆☆　　⏱ 时间　2分钟

屈膝，两脚间距大于肩宽，双手持球于右胯。

保持躯干稳定，移动球至右耳下方。

横向移动球，至左耳下方。

双手放低球，移动球至左胯。

扫一扫，看视频

💡 **小提示**　**全程注意保持身体稳定，身体不随球的移动而左右晃动。**
模拟双手持球时目视前方球员，防止对手上前进行抢夺。

技巧 027

▶球的移动：膝–胯–耳–头顶

等级 ★★★☆☆　　⏱时间 2分钟

屈膝，呈三威胁姿势持球。

point
重心转移至前脚

右脚朝左前方跨出一步，身体随之旋转90度，球移至左膝前。

右脚后撤收回，恢复三威胁姿势。

右脚朝左前方跨出一步，身体随之旋转90度，微起身将球移至左耳一侧。

右脚后撤收回，伸展身体，双手持球于头顶上方。

🔑 **技术要领**

转移身体重心

此练习是将球从胯部、膝部、耳部、头顶依次移动，过程中注意身体重心的转移。保持身体稳定，在实战中才能牢牢把握住球，避免被抢断。

扫一扫，看视频

▶球的移动：左右膝-头顶

等级 ★★★☆☆　　⏱时间 2分钟

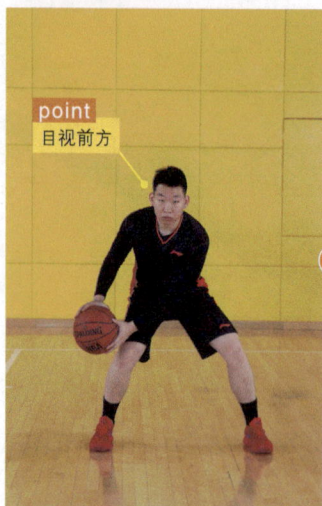

point
目视前方

屈膝，双脚间距大于肩宽，双手持球于右膝一侧。	将球移至左膝一侧，同时带动身体朝左微侧身，双脚尖向左转约30度。	起身，伸直身体，持球举过头顶。

🔑 技术要领

保持身体稳定

该动作主要是将篮球从左右膝侧移至头顶位置，以躲避对手的抢断，训练球员对球的掌控力。转移球的同时，眼睛注意观察赛场情况，为下一步进攻做准备。

其他角度

point
前跨一小步

技巧
029

▶ **颈部绕球**

等级 ★★★☆☆　　⏱时间 2分钟

扫一扫，看视频

point
掌心朝上

双脚开立，间距大于肩宽，五指分开，双手持球于胸前。

右手单手持球，托球上举于耳侧，随后将球移至头部后方。

移动球至头部正后方，左手屈肘于头部后方接球。

point
球与头部保持一定距离

切换左手单手持球，五指分开托球朝身前移动。当球移至胸前，双手持球。

其他角度

🔑 **技术要领**

球不触碰身体

此练习是双手相互配合，单手持球绕头部运转。注意球移动过程中，尽量与身体保持距离，锻炼手部对球的掌控力。

31

▶躯干绕球

等级 ★★★☆☆　　⏱时间 2分钟

扫一扫，看视频

双脚开立，间距大于肩宽，五指分开，双手持球于胸前。

右手单手持球，托球至腰右侧。

手腕内扣持球，将球从腰侧向身后移动。

当球移至腰部正后方时，左手于身后接球。

切换左手单手持球，托球朝前移动。当球移至身前，右手扶球。

其他角度

point
球与身体保持一定距离

膝盖绕球

技巧 **031**

等级 ★★★☆☆　　⏱ 时间　2分钟

扫一扫，看视频

屈膝俯身，双脚间距等于肩宽，五指分开，双手持球于双膝前。

右手单手持球，移至右膝一侧。

point 掌心朝上

手腕内扣托球，将球向腿后移动。

当球移至双腿正后方时，左手于后方接球。

切换左手单手持球，托球朝前移动。当球移至双膝前，右手托球。

🔑 **技术要领**

眼睛不看球

此练习是双手相互配合，单手持球绕腿部移动。注意绕球过程中，眼睛尽量不看球，体会在腿部位置控制球的感觉，熟练后可逐渐加速，培养球感。

33

技巧
032

▶ **单脚盘球**

等级 ★★★☆☆　　⏱ 时间　2分钟

扫一扫，看视频

point
全程用指尖控球

point
眼睛全程不看球

屈膝，双脚错开一大步，球置于右脚踝一侧，指尖触球，目视前方。

保持躯干稳定，以右脚为轴，指尖向后拨球。

point
始终保持低重心

point
球与脚部不接触

当球拨至脚后跟后侧，指尖发力，朝左推球，左手从右脚内侧接球。

切换左手朝右脚前方拨球。当球拨至脚尖正前方，换右手拨球。

技巧 033

▶8字盘球

等级 ★★★☆☆　　时间 2分钟

扫一扫，看视频

屈膝俯身，双脚间距大于肩宽，指尖触球，球置于身前右脚内侧。

以右脚为轴，指尖向右后方拨球，依次绕过脚尖、脚踝、脚后跟。

当球拨至脚后跟后侧，指尖发力，朝左推球，左手接球。

以左脚为轴，左手指尖朝左拨球，依次绕过脚尖、脚踝、脚后跟。

point
指尖拨弄球

当球拨至左脚后跟后侧，指尖发力，朝右推球，右手接球。

切换右手朝右前方拨球，此时球的运动轨迹形成8字形。

技巧
034

熟悉球的相关技巧

▶ **胯下绕球**

等级 ★★★☆☆　　　　⏱时间　2分钟

扫一扫，看视频

point
球在两膝间

point
球不触地

屈膝，两脚间距大于肩宽，双手持球于身前。

右手持球，以左膝为轴，于空中朝左后方移动球，至左腿正后方时，左手接球，朝左膝前方移动球。

point
球与腿不接触

🔑 **技术要领**

保持节奏感

实战中，为了躲避防守，球员常借用身体保护球。此练习通过在两腿间快速移动球，提升球员对球的掌控力。训练过程中，可逐渐加快绕球速度，将球有节奏地绕过双膝。

当球绕过左膝，左手将球朝右后方移动，至右腿正后方时，右手接球。

技巧 035

▶ S形盘球

等级 ★★★☆☆　　时间 2分钟

扫一扫，看视频

屈膝俯身，两脚间距大于肩宽，球置于右脚外侧，指尖触球，目视前方。

point
指尖拨球

保持躯干稳定，以右脚为轴，指尖向后拨球。

point
眼睛全程不看球

当球拨至脚后跟后侧，指尖发力，朝左推球，左手接球，指尖拨球，球从胯下朝左脚尖移动。

point
球与脚部不接触

当球绕过左脚尖，移至左脚踝侧，左手将球回拨。此时球的运动路线形成一个S形。

技巧 036

▶背后绕球

等级 ★★★★☆　　⏱时间　2分钟

注意感受球在身后时，手部对球的控制。

双脚开立，间距大于肩宽，双膝微屈，双手持球于身前。

point
在腰部位置准备拨球

左手单手持球，手腕内扣，将球从左腰侧向身后移动。

point
球的高度超过肩部

point
指尖朝右上方

当球绕至身后时，手腕带动手指朝右肩上方发力抛球。

point
五指分开，指尖触球

球下落时，右手接球。

手心朝上托球。

技术要领

提升手部控球的能力

背后绕球是提升球员控球能力的练习，因为抛球动作发生在视线几乎无法观察的地方，所以非常考验球员手部控球的能力。练习时，抛球高度不要太低，要越过肩部，可以稍微侧身，便于接住篮球。左右手都需熟练掌握。

⚠ 容易出现的错误

抛球力度和角度不够，没接住球。

√ 纠正的方法

抛球时，保持身体稳定，出手的位置约与同侧后腰齐平，用手腕发力。感受抛球时，手腕发力的大小与抛球角度，前期可多观察球抛向对侧时的高度，及时调整抛球力度和角度，尽量使球的运动路线保持稳定。

技巧
037

▶ **背后抛接绕球**

等级 ★★★★☆　　　🕐时间　2分钟

扫一扫，看视频

双脚开立，间距大于肩宽，双腿微屈，五指分开，右手托球。

手腕内扣，将球从右腰侧朝身体后侧移动。

point
当球落至肩部高度时，准备接球

当球绕至身后时，手腕带动手指朝左肩上方发力抛球。

point
可稍侧身

球下落时，左手接球。

左手托球，屈腕发力，用指尖朝右拨球，右手接球。

🔑 **技术要领**

手腕发力

当前方有防守球员时，持球球员可使用此练习进行传球或过人，以此迷惑防守球员。无论是向上挑球还是接球后朝对侧拨球，都需要运用手腕的力量，通过指尖将球推出。

技巧 038　颈部转腰部绕球

等级 ★★★★☆　　时间 2分钟

扫一扫，看视频

双脚开立，间距大于肩宽，五指分开，双手持球于胸前。

右手单手持球，托球上举进行颈部绕球。

左手从脑后接球，托球移至胸前。

右手接球，下移至腰部，从右侧开始腰部绕球。

左手于身后接球。

左手托球绕至身前，右手接球。

技巧
039

▶ **腰部转颈部绕球**

等级 ★★★★☆   时间 2分钟

扫一扫，看视频

point
熟练后可
逐渐加速

双脚开立，间距大于肩宽，五指分开，双手持球于身前。

右手单手持球，托球沿腰部向后绕。

当球绕至身后时，左手接球，带球绕至身前。

右手接球，开始颈部绕球。

左手从脑后接球，托球移至胸前。

右手接球。

技巧 040

▶腰部转腿部绕球

等级 ★★★★☆　　时间 2分钟

扫一扫，看视频

双脚开立，间距大于肩宽，双手持球于身前。

右手单手持球，托球沿腰部向后绕。

当球绕至身后时，左手接球，带球绕至身前，右手接球。

屈膝俯身，双手持球至双膝前。

point
球沿双膝移动

右手持球，托球从右腿外侧向后移动，开始腿部绕球。

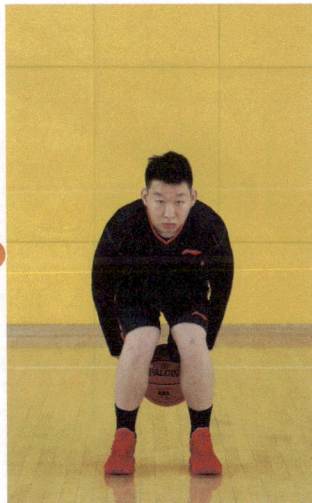

球绕至腿部正后方时，左手接球，将球绕至双膝前，双手持球，起身。

43

技巧
041

▶ **腿部转腰部绕球**

等级 ★★★★☆　　🕐 时间　2分钟

屈膝俯身，两脚间距略窄于肩宽，双手持球于两膝前。

右手持球，托球从右腿外侧向后移动，开始腿部绕球。

球绕至腿部正后方时，左手接球，朝前绕球至双膝前。

起身，左手将球递给右手。

站直后，右手托球沿腰部朝后方绕球。

当球绕至身后时，左手接球，带球绕至身前，右手接球。

技巧 **042**

▶ **快速全身绕球**

等级 ★★★★★ ⏱时间 2分钟

扫一扫，看视频

双脚间距等于肩宽，五指分开，双手持球于胸前。换右手持球，开始颈部绕球。

point 眼睛不看球

左手从脑后接球，托球移至胸前。

右手接球，下移至腰部，从右侧开始腰部绕球。

point 全程速度要快

当球绕至身后时，左手接球，托球绕至身前，右手接球。

调整站位屈膝俯身，双手持球至双膝前，右手持球，开始腿部绕球。

point 注意动作的连贯性与流畅性

球绕至腿部正后方时，左手接球托球绕至双膝前。

熟悉球的相关技巧

▶ 原地单手拍球（右）

等级 ★★☆☆☆　　🕒时间 5分钟

扫一扫，看视频

point
五指分开

point
双腿微屈，降低
重心，双脚间距
与肩同宽

point
非持球手始终
在体前护球

🔑 技术要领

多次训练，动作标准

初学者可通过多次训练，找到惯用手。训练过程中，注意姿势要标准，形成良好的习惯，提升球感。

其他角度

point
挺直后背

point
重心放低

point
指尖触球

熟悉球的相关技巧

技巧 **044**

▶ **原地单手拍球（左）**

等级 ★★☆☆☆　　⏱时间 5分钟

扫一扫，看视频

point
眼睛不看球，
观察前方

point
降低身体重心

point
非持球手始终在
体前护球

point
球落点相对固定

🔑 **技术要领**

加强非惯用手的训练

此技巧的讲解意在强调加强非惯用手的训练，使其也能熟练运球。每次拍球时，尽量做到力度、球落点及回弹高度一致。熟练后，注意体会手、球合一的感觉，使身体记住运球的感觉。

手部动作

point
五指分开，微
屈，牢牢控球

⚠️ **容易出现的错误**

运球时，眼睛看球，用掌心拍球。

✔️ **纠正的方法**

抬头观察全场状况，眼睛不看球。感受手腕和手指发力对球的控制。

技巧
045

扫一扫，看视频

▶左右手头上抛接球

等级 ★★☆☆☆　　　⏱时间 5分钟

point
双肘弯曲

point
掌心朝上，五指
分开，稳稳托球

point
屈腕，带动手
指向上发力

point
注意观察球的
移动路线

双手来回抛球、接球，
动作快速、准确。

point
稳稳接球

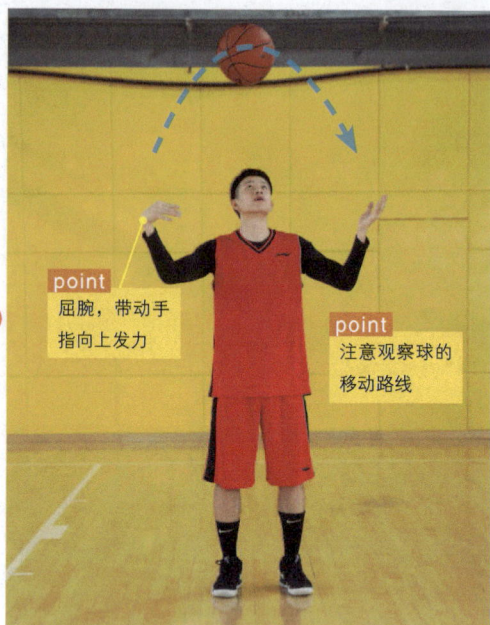

⚠ 容易出现的错误

抛球时，身体晃动；没接住球。

✓ 纠正的方法

抛球时，保持身体稳定，用手腕发力。左右手腕
每次来回抛球的力度与方向保持一致。训练初期，
视线紧随球的运动轨迹，及时调整力度，保持动作
的节奏感。

熟悉球的相关技巧

技巧
046

▶ 双手运球练习

等级 ★★★☆☆　　⏱时间　5分钟

扫一扫，看视频

point
单手持球，五指分开，空出掌心，外展手臂

point
屈膝，双脚间距略大于肩宽

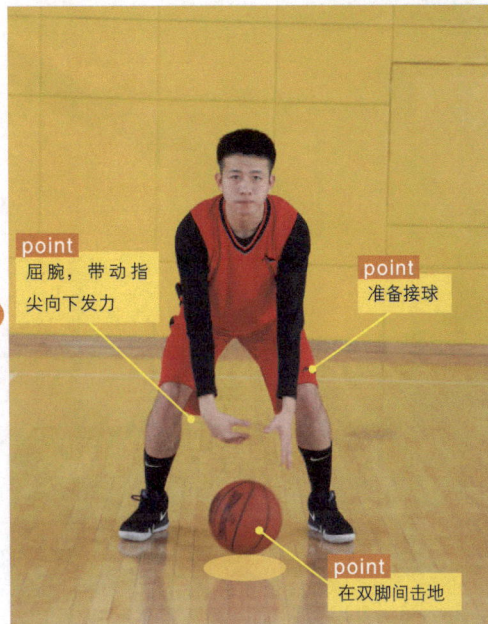

point
屈腕，带动指尖向下发力

point
准备接球

point
在双脚间击地

point
非持球手始终护球

point
接球后，手臂顺势外展至与地面平行

🔑 **技术要领**

手腕屈曲发力

此练习需重复练习。运球时，注意手腕发力的力度与角度，根据球反弹的高度及时调整。注意两手运球时的力度和角度保持一致，尽量使球在同一点击地。身体不随球的移动而有过大的晃动。

技巧 **047**

▶ 手指交互传球

等级 ★★☆☆☆　　⏱时间　1分钟

扫一扫，看视频

point
手指分开，指尖触球，两臂朝前伸直

point
右手持球，手腕弯曲，带动指尖向对侧发力拨球

point
五指分开接球，指尖触球

其他角度

point
掌心相对

🔑 **技术要领**

手指控球

当球在两手间来回拨动时，尽量掌心相对，五指发力控球。可逐渐加快拨球速度，提升手部对球的掌控力。

技巧 048

▶身前抛接球、身后击掌

等级 ★★★☆☆　　　时间 2分钟

双手发力，向前上方抛球。

保持站立姿势，原地接球。

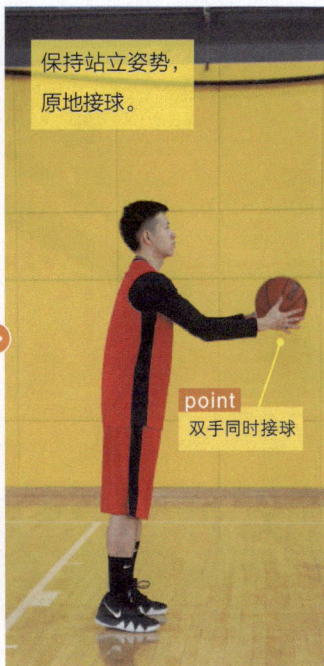

point 屈肘约90度，双手于身前持球

point 五指分开，掌心对立

point 双手快速在身后击掌

point 双手同时接球

其他角度

⚠ 容易出现的错误

球抛得靠前或靠后，接球时，身体晃动，没接住球。

✓ 纠正的方法

抛接球时，保持身体稳定。用手腕发力，垂直向上抛球，确保接球时身体在原地接球。同时抛球力度要大，球要有一定高度，使双手有足够的时间在击掌后及时接球。

扫一扫，看视频

技巧
049

▶身前抛球转身、身后接球

等级 ★★★★☆　　⏱时间 2分钟

point
挺直身体，
自然站立

point
双手持球
于身前

point
两臂前伸，向
上发力抛球

point
前转180度

point
双手于身后
接球

point
以左脚为轴

point
旋转脚

左右两侧转身
交替进行练习。

point
双脚平行站立

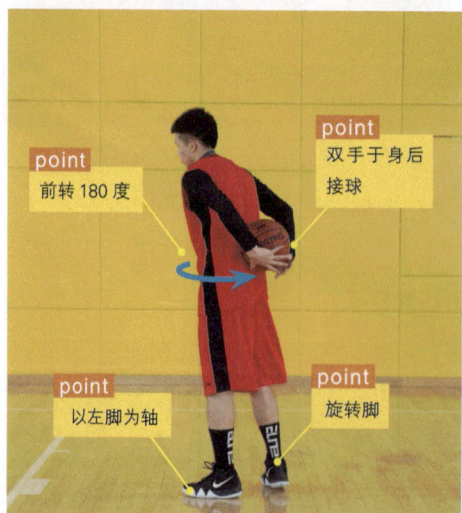

⚠ **容易出现的错误**

球抛得靠前、靠后或过低，没接住球。

✓ **纠正的方法**

注意抛球的力度与方向，使双手在转身后有时间准确接球。

扫一扫，看视频

技巧 **050**

熟悉球的相关技巧

▶ 头上抛接球

扫一扫，看视频

等级 ★★☆☆☆　　⏱时间 1分钟

point
球高于头部

point
五指分开，于球下方托球

point
抬起双臂，屈肘约 90 度

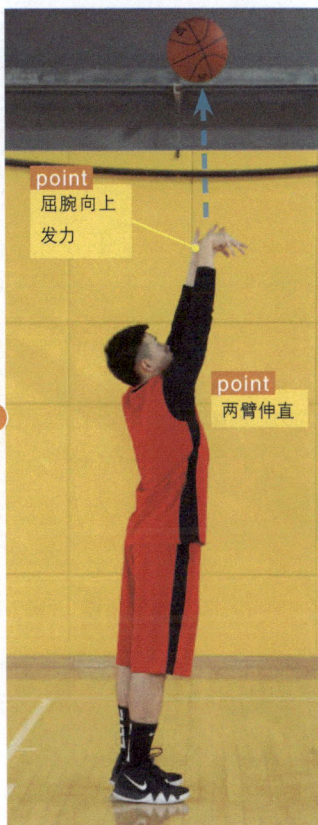

point
屈腕向上发力

point
两臂伸直

接球后，继续上抛球，反复练习。

point
掌心朝上

point
保持躯干稳定，原地接球

其他角度

point
目视篮筐

point
发力手

point
辅助手

53

技巧 **051**

▶ 单手向上挑球

等级 ★★☆☆☆　　　⏱时间 1分钟

扫一扫，看视频

point
非持球手自然贴放于体侧

point
持球手朝前伸直，掌心向上托球

point
屈腕向上发力，手臂顺势微抬，向上挑球

point
手臂回落，五指分开，掌心朝上接球

手部动作

point
屈腕带动指尖发力

⚠ **容易出现的错误**

接球时身体晃动或没接住球。

✓ **纠正的方法**

抛接球时，保持身体稳定。仅持球手用手腕发力，垂直向上挑球，确保接球时身体在原地接球。训练初期，注意观察球回落的路线，及时调整手腕及指尖发力的方向。

第2章

技巧 052

▶双手向上挑球

等级 ★★☆☆☆　　⏱时间 1分钟

扫一扫，看视频

point
两臂伸直，持球于身前

point
挺直身体，自然站立

point
两手手腕同时弯曲发力，手臂顺势微抬，向上挑球

双手同时接球。

point
手臂回落，五指分开接球，掌心对立

手部动作

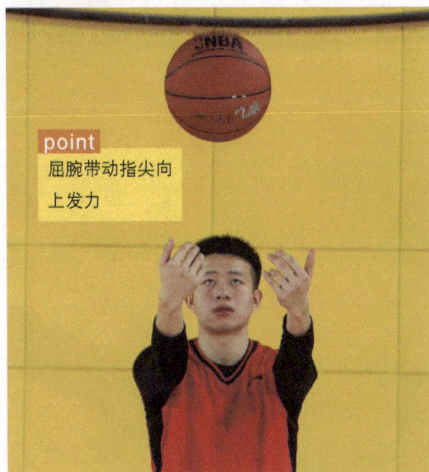

point
屈腕带动指尖向上发力

⚠ **容易出现的错误**

接球时身体前倾或后仰。

✓ **纠正的方法**

向上挑球时，双手同时发力，且力度及推出球的方向一致，尽量使篮球的运动路线保持垂直，接球时躯干稳定。经过多次练习，掌握手腕发力的技巧，提升手部控球的灵活性。

运球的相关技巧

第3章

运球是一个使球移动的过程，是球员必备的技能。运球的技巧有很多，其根本目的是将球运至对方的球场，并且在运球过程中保护好球，避免被抢断，摆脱防守，投篮得分。在平时的训练中，球员应熟练掌握运球的节奏性与连贯性，提升球感；在实战中，球员要注意有目的地运球，学会观察全场实况，用运球为下一步进攻做准备。

运球的相关技巧

▶ **基本运球**

扫一扫，看视频

| 等级 ★★☆☆☆ | ⏱ 时间 5分钟 |

屈膝，呈三威胁姿势持球。

point
屈腕发力

point
辅助手护球

屈腕带动，手指发力运球，非运球手在身前护球。

point
眼睛不看球

接球时注意伸腕，减缓篮球回弹的冲力。

手部动作

point
五指尽可能分开接球

⚠ **容易出现的错误**

运球时眼睛看球。

✓ **纠正的方法**

运球时眼睛尽量不看球，观察全场，以便展开下一步进攻。

🔑 **技术要领**

左右手皆需熟练运球

需加强非惯用手的训练，尽量做到双手都能熟练运球。

57

技巧 **054**

▶运球并将球按于地面

等级 ★★☆☆☆　　时间 5分钟

右手持球，开始运球，左手护球。

point
指尖朝下

手腕发力向下拍球，运球一定次数，以10次为例。

point
屈膝俯身

手臂伸直，将篮球按在地面停留一下，完成练习。

⚠ **容易出现的错误**

眼睛看球，重心偏高，按球时跑球。

√ **纠正的方法**

目视前方，不要低头，五指伸展开，垂直向下按球，避免球跑偏。注意体会运球时球出手的感觉。

扫一扫，看视频

运球的相关技巧

技巧
055

▶ **食指运球**

等级 ★★☆☆☆　　🕐 时间　2分钟

扫一扫，看视频

point
肘部微外展

point
食指发力

屈膝，呈三威胁姿势持球。

伸直食指，其余四指屈曲，弯曲手腕，通过食指指腹给球施力，朝下按压球，非运球手在身前护球。

其他角度

point
指腹触球

🔑 **技术要领**

指腹运球

此练习主要是训练一只手指运球，使球员感受指腹发力的感觉。注意每次运球的力度和球回弹的高度尽量一致。

技巧
056

▶ **指尖运球**

等级 ★★☆☆☆　　⏱时间 2分钟

扫一扫，看视频

point
挺直背部，上半身微前倾

point
屈膝

屈膝，呈三威胁姿势持球。

point
指关节微屈，掌心不触球

屈腕带动手指发力，用指尖运球，非运球手在身前护球。

手部动作

point
五指分开控球

point
指尖迎球

🔑 **技术要领**

指尖运球

此练习主要是训练手腕带动手指发力运球。注意每次运球的力度和球回弹的高度尽量一致，使身体记住指尖触球时发力的感觉及拍球的角度。

技巧
057

▶ 对墙运球

等级 ★★☆☆☆　　⏱时间 2分钟

point
屈肘约90度

point
指尖触球

单手托球，持球手上抬，屈肘约90度，面对墙壁站立。

手腕带动，指尖发力，朝墙的方向拍球。

🔑 **技术要领**

用指尖运球

此练习适宜单人练习。球触墙遇阻回弹，手掌可感受球回弹的力度并不断调整，至身体不动即可接球。可加快速度，感受有节奏地运球。手掌以及指尖有意识地控制篮球。

球触墙回弹，五指接球。重复多次对墙运球。

61

技巧
058

▶ **三点运球**

等级 ★★★★☆　　　⏱ 时间 2分钟

扫一扫，看视频

屈膝，呈三威胁姿势持球。右手开始运球，球的落点在右腿一侧。

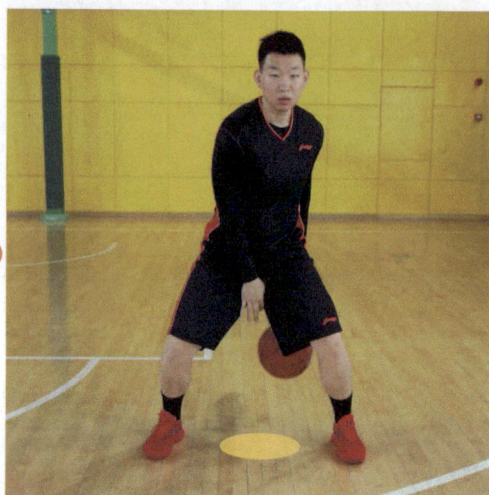

在两腿间运球，球的落点在两脚中间，球从胯下穿过反弹至左腿后侧。

左手从腿后侧接球，向前运球。

左手运球，球的落点在左腿一侧。

定义　三点运球指的是，运球绕过双腿时，球分别在右腿侧、两脚间及左腿侧击地。训练初期，在左右两侧可多拍球几次，找到球的落点。

技巧
059

▶ **一点运球**

等级 ★★★☆☆　　⏱时间 2分钟

扫一扫，看视频

屈膝，呈三威胁姿势持球。

右手开始运球，将球从胯下穿过，在两脚间击地。

球朝左后方反弹，左手在左腿后侧接球，朝前运球。

球绕过左腿，从胯下穿过，在两脚间击地，朝右后方反弹，右手在右腿后侧接球。

💡 **小提示**　和三点运球类似，一点运球也是运球绕过双腿，但球的落点只有两脚中间一处，且应尽量让落点保持一致。多加训练，使整套动作连贯流畅。

技巧
060

▶ # 读数字运球

等级 ★★★☆☆   ⏱ 时间   1分钟

扫一扫，看视频

两名球员面对面站立，开始准备练习。一名球员原地运球，一名球员用手比画数字。

运球者一边运球，一边念出对面球员比画的数字。两名球员交换角色，按要求重复练习。

目的   强化球员养成不看球运球的习惯，提升球员的反应能力，学会在赛场上观察现况，并能与队友及时交流。

运球的相关技巧

技巧 061

▶ **圆圈捉人**

等级 ★★★★★　　⏱时间 5分钟

扫一扫，看视频

两名球员于中圈上面对面站立，屈膝，呈三威胁姿势持球。

两名球员沿中圈线同时跑动运球。一人运球跑，一人运球捉人。

捉人球员可加大跑动步伐，快速运球追逐对手。逃跑球员可根据对手动作，调整运球速度及方向，避免被对手捉住。

当捉人球员抓住对手后，两名球员互换角色，回归原位，重复练习。

🔑 **技术要领**

观察对手动态，及时调整动作

两名球员可事先决定好角色，或在跑动中观察对方状态而决定捉人者或逃跑者。无论是捉人者还是逃跑者，球员都需在运球前进的过程中，互相观察对方的动作，及时改变自己运球的速度与方向，在此过程中，球员不断地变速、变向运球，将有效增强控球能力。

技巧
062

▶无防守运球（防守较远）

等级 ★★★☆☆　　　⏱时间 2分钟

进攻球员呈持球基本姿势，防守球员在较远处防守。

point
屈膝，降低重心

体侧运球，防止被抢断，同时便于调整进攻策略。

point
非运球手在身前护球

进攻球员运球前进，目视前方，观察全场赛况，决定下一步进攻动作。防守球员在较远处继续防守。

两人互换角色，重复训练。

在距离防守球员较近时，进攻球员停止前进，在体侧原地运球。

扫一扫，看视频

第3章 运球的相关技巧

技巧 063

▶有防守快速运球（身后）

等级 ★★★☆☆　⏱时间 2分钟

point
身体前倾，便于
快速跑动前进

进攻球员持球在前，准备
运球，防守球员在其身后
不远处准备上前追赶。

point
运球手在球的后
上部运球前进

point
迈步要大，速度加快，拉开距离

进攻球员开始大跨步跑
动，朝前运球，防守球员
在身后开始追赶。

point
步速要跟上球前进
的速度，避免失球

两人互换角色，
重复训练。

进攻球员快速运球前进，
最终将防守球员甩在身
后，摆脱防守。

扫一扫，看视频

技巧 064

▶有防守运球（近距离）

等级 ★★★★☆　　⏱时间 2分钟

进攻球员持球准备进攻，防守球员在其身侧防守。

进攻球员开始右手运球，并侧身应对防守球员，伸展非运球手挡住防守球员接近球，防止球被抢断。

point
非运球手在体侧护球

进攻球员及时调整运球方向，躲避防守球员的不断试图抢断，同时决定下一步进攻策略。

point
手腕变换运球力度和角度

扫一扫，看视频

运球的相关技巧

技巧
065

▶ **直线运球：in-out**

等级 ★★★☆☆　　时间 5分钟

扫一扫，看视频

point 转向前，运球高度不宜太低

右手运球前进，假想遇到防守球员，降低重心运球。

继续运球，找准时机，在身前变换运球方向。

point 视线看向左前方，配合假动作

point 横向移动

point 重心移至右侧

左脚朝前跨一步，身体随之左移，右手向内运球。制造朝左运球进攻的假象。

立即横向移动向右侧运球，身体及重心转向右侧，左脚向右跨步，快速朝新方向运球前进。

💡 **小提示**　　直线运球：in-out也被称为内外运球，是一种通过体前变向运球以摆脱防守的进攻方式。注意体前改变运球方向时，身体重心随球的方向改变而快速转移，此过程球不落地，于半空中完成一次由内向外的横向直线移动。

69

技巧
066

▶ **直线运球：假急停**

等级 ★★★☆☆　　⏱ 时间　5分钟

扫一扫，看视频

运球前进，假想前方有对手进行防守。

当接近对手时，球员忽然停止跑动，开始进行假急停动作。

屈膝运球，目视前方，观察防守球员靠近。

point
快速提高重心

随防守球员靠近，忽然起身跳向新方向。

趁防守球员做出反应前，摆脱防守，朝新方向运球前进。

🔑 **技术要领**

转移重心

假急停也是一种用身体姿势的变化，误导防守球员做出判断的进攻战术。注意身体快速起伏时身体重心的变化，始终保持身体的稳定，牢牢控球。

第3章 运球的相关技巧

技巧 067

▶体前变向（单人）

扫一扫，看视频

等级 ★★★☆☆　　　🕐**时间** 5分钟

右手运球，向前行进。

逐渐放慢运球前进速度，假想身前有防守球员。

> 变向时，运球高度不宜超过腰部。

忽然向右运球，右脚外展，朝前大跨一步，带动身体重心右移。

快速朝左下方运球，球在两脚间击地，球向左反弹，身体重心左移，左手接球。

point
调整身体方向

快速起身朝左侧运球前进。

🔑 **技术要领**

降低重心

运球时，注意屈膝，降低身体重心，保持身体稳定；当前方有防守球员时，体前变向有助于摆脱防守，防止抢断。但此练习适用于离防守球员有一定距离的情况。

▶体前变向（绕锥桶）

等级 ★★★★☆　　　⊙时间　5分钟

想象锥桶为防守球员。

屈膝，呈三威胁姿势持球，身前纵向放置三个锥桶，相隔一定距离。

右手运球前进，在第一个锥桶前，进行体前变向运球。

快速朝左下方运球，球在两脚间击地，球向左反弹，身体重心左移，左手接球。

切换左手运球，右脚向前跨步，从锥桶一侧运球前进，至第二个锥桶前，继续上述体前变向动作，直至绕完第三个锥桶。

技巧
069

▶体前变向（带防守）

等级 ★★★★☆　　⏱ 时间　5分钟

扫一扫，看视频

进攻球员运球前进，防守球员呈防守基本姿势。

进攻球员逐渐放慢前进速度，与防守球员距离越来越近，左手在身前护球，并假装要向右突破。

当防守球员向右防守时，进攻球员屈膝降低重心并左移，进行体前变向，将球切换至左手。

point
右手于身体
右侧护球

切换运球手，右脚向前跨一步，侧身越过防守球员，左手运球前进，右手护球，阻挡防守球员靠近。

💡 **小提示**　注意体前变向运球训练要循序渐进，可先从单人练习开始，当球员可以不看球就能熟练变换左右手运球时，再进行有静态障碍物的练习，最后进行有防守球员的实战练习。体前变向时，进攻球员距离对手不宜太近，否则容易被抢断。

技巧
070

▶ # 体前变向（摸锥桶）

等级 ★★★☆☆　　⏱时间 5分钟

球员身前摆放一个锥桶。屈膝，呈三威胁姿势持球。

右手运球，快速朝左下方运球，球在两脚间击地，球向左反弹，左手迎球。

point
伸展手臂

俯身，左手接球，同时右手触摸锥桶。

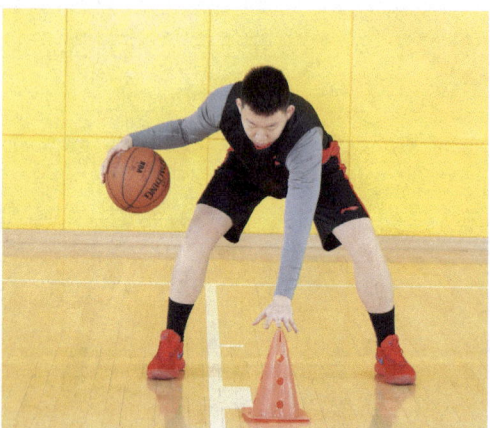

左手朝两脚间运球，球在两脚间击地，右手接住回弹的球，同时左手触摸锥桶。

💡 **小提示**　球员改变运球方向时，中途增加触摸锥桶的动作，不仅增加了球员对球掌控的难度，同时也提升了球员的应变能力，使球员养成屈膝降低重心变换运球手的习惯。练习时，尽量保持躯干稳定。

第3章　运球的相关技巧

技巧 071

▶体前变向（双人带网球）

等级 ★★★★★　　⏱时间 5分钟

一球员屈膝，呈三威胁姿势持球。另一球员与其面对面站立，手持网球。

持球球员先左手运球，球在两脚间击地，同时对面球员准备将网球抛出。

当持球球员完成右手接球后，同时左手接住抛来的网球。

球员继续右手运球，将网球回抛给对面球员。两名球员交换角色，重复练习。

💡 小提示　与体前变向（摸锥桶）类似，此练习增加了球员在体前变向运球时接住抛来的网球这一环节，进一步考验了球员对球的掌控力及应变能力，也增加了训练的趣味性。

扫一扫，看视频

75

技巧
072

运球的相关技巧

▶ **胯下运球（单人）**

扫一扫，看视频

等级 ★★★☆☆　　时间 5分钟

双手持球于身前右侧，准备运球前进。

point
迈步要大

左脚朝前跨一大步，屈膝降低重心，右手朝胯下两脚间运球。

point
低高度运球

球从胯下穿过，左手于左腿后方接球。

左手运球起身，右手在右侧护球，右脚朝左前方迈步，跑向新方向，摆脱防守。

目的 球员运球时，常有防守球员阻止其前进，此时利用身体来护球是常用的应对方式。胯下运球便是利用腿部来阻挡对手抢球，遮挡球的运动轨迹，摆脱防守的策略。

技巧
073

运球的相关技巧

▶ **胯下运球（带防守）**

等级 ★★★★☆　　　时间 5分钟

扫一扫，看视频

进攻球员运球前进，防守球员在前方呈防守基本姿势。

当防守球员向前贴近时，进攻球员左手在身前护球。

进攻球员左脚朝前跨一大步，屈膝降低重心，开始进行胯下运球。

point
右手于体侧护球

进攻球员左手于腿后接球，立即起身，运球朝左前方跑去，摆脱防守。

💡 **小提示**　胯下运球时，不要低头看球。可增加胯下运球次数，使对手无法预测进攻意图。球穿过胯下之前，注意降低身体重心，双脚间距适当，保持球不触碰身体。

技巧 074

▶ **胯下运球（绕锥桶）**

等级 ★★★★☆   ⏱ 时间 5分钟

右手持球，运球前进。

胯下运球。

运球至第一个锥桶前，左脚前跨一大步，屈膝，进行胯下运球。

左手从腿后接到反弹的球，起身运球，右脚从锥桶一侧越过，朝第二个锥桶行进。

左手持续运球至第二个锥桶前，继续胯下运球。以此类推，直至绕过第三个锥桶。

💡 **小提示**　此练习主要帮助球员在有障碍物时，熟练进行左右手胯下运球，非惯用手也可得到加强，有助于在实战中灵活应对防守球员。

扫一扫，看视频

运球的相关技巧

技巧
075

▶ **胯下运球（摸锥桶）**

等级 ★★★☆☆　　⏱ 时间　5分钟

双手持球于身前右侧，双脚前后站立，准备运球。

point
降低重心

右手运球，并进行胯下运球。当左手接球时，右手伸直，屈膝俯身，朝前触摸锥桶。

左手运球，进行胯下运球，右手接球，左手伸直，屈膝俯身，左手指尖触摸锥桶。

🔑 **技术要领**

降低重心

此练习要求球员全程保持低重心状态。胯下运球并同时触摸锥桶练习，使球员在胯下运球时养成降低重心、不看球的习惯。

扫一扫，看视频

79

▶胯下运球（双人带网球）

等级 ★★★★★　　⊙时间 5分钟

一球员屈膝，双脚大跨步前后站立，双手持球于身前右侧。另一球员与其面对面手持网球。

持球球员开始左手运球，对面球员准备抛网球。

持球球员进行一次胯下运球，接着在身体右侧原地运球，同时左手接住抛来的网球，如此反复。两者可交换角色，重复上述步骤练习。

扫一扫，看视频

运球的相关技巧

▶背后运球（单人）

等级 ★★★☆☆   ⏱时间 5分钟

扫一扫，看视频

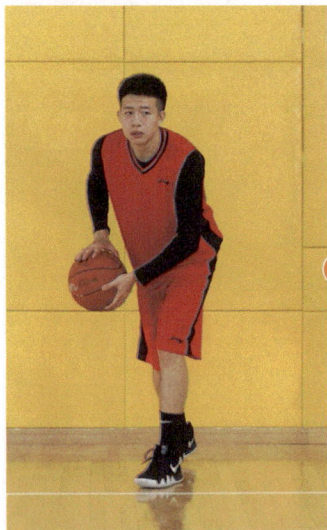

双手持球于身前右侧，双脚前后站立，准备运球前进。

右手运球前进，逐渐放慢速度，假想身前有防守球员。

双脚站定，屈膝，右手向身后运球。

球于两脚后侧击地朝左反弹，左手于腿后接球。

切换成左手运球，起身运球跑向另一侧，摆脱防守。

🔑 **技术要领**

降低重心

运球击地时，注意屈膝，降低身体重心，保持身体稳定。当进攻球员与防守球员距离很近时，可采用背后运球，防止防守球员近距离接触球并抢断。

技巧
078

▶ 背后运球（绕锥桶）

等级 ★★★★☆　　⏱时间 5分钟

前方放置四个锥桶，呈两列纵向交错摆放。球员左手持球，运球前进。

运球至左列第一个锥桶前，屈膝，进行背后运球。

右手从身后接到反弹的球，起身运球，右脚从锥桶一侧越过，朝右列第一个锥桶行进。

右手持续运球至右列第一个锥桶前，继续背后运球。以此类推，直至绕完第四个锥桶。

技巧
079

▶ **背后运球（带防守）**

等级 ★★★★☆　　⏱时间　5分钟

扫一扫，看视频

进攻球员运球前进，防守球员上前贴近防守，进攻球员非运球手前伸阻止对手靠近。

进攻球员找准时机，屈膝降低重心，开始背后运球。

进攻球员左手从腿后接到反弹的球，切换成左手运球。

point
右手于身体右侧护球

起身，右脚朝左前方跨步，侧对防守球员跑向前方，摆脱防守。

技巧
080

▶背后运球（双人带网球）

等级 ★★★★★　　⊙时间　5分钟

一名球员屈膝，呈三威胁姿势持球。另一名球员与其面对面站立，手持网球。

持球球员开始进行背后运球，对面球员准备将网球抛出。

持球球员完成左右两次背后运球后，右手在身体右侧原地运球，同时左手接住抛来的网球，如此反复。两者可交换角色，重复上述步骤练习。

⚠ 容易出现的错误

背后运球时失球；没接住网球。

✓ 纠正的方法

背后运球时，球与身体的距离要适当，使球的反弹轨迹与接球手能重合，同时球也不要触碰身体，否则容易失球。网球尽量抛高，给运球球员足够的时间接球。

扫一扫，看视频

技巧 081

运动的相关技巧

▶ **背后运球（双球练习）**

等级 ★★★★☆　　　时间 5分钟

扫一扫，看视频

在前方纵向间隔放置三个锥桶。球员屈膝，双脚间距大于肩宽，双手各托一球。

双手同时运球前进至第一个锥桶前，右脚前跨一步，身体向右前倾，朝右双手运球。

双手交换接球。

身体转向左侧，同时左手开始身后击地运球，右手身前击地运球。

双手一前一后，接住对侧反弹的球，交换运球手，再向左侧运球，随后继续运球跨过锥桶。依次类推，进行运球，直至跨过第三个锥桶。

技巧
082

▶ **转身运球（单人）**

等级 ★★★☆☆　　⏱时间 5分钟

扫一扫，看视频

双手持球于身前右侧，双脚前后站立，准备运球前进。

右手运球前进，逐渐放慢速度，假想身前有防守球员。

立即停止前进的步伐，双脚前后站立，准备做转身运球。

屈膝，以左脚为轴，抬起右脚，迅速带球向后转身。

切换成远离防守球员的手运球，朝新方向前进。

🔑 **技术要领**

保持平衡

转身运球，是球员在运球时，综合运用第1章所介绍的转身技巧，巧妙避开前方的防守球员，转向新方向的运球动作。转身时注意保持身体平衡，避免摔倒或失球。

第3章 运球的相关技巧

技巧
083

▶ **转身运球（绕锥桶）**

扫一扫，看视频

等级 ★★★★☆　　🕐时间 5分钟

前方放置四个锥桶，呈两列交错摆放，球员左手持球，运球前进。

转身运球。

运球至左列第一个锥桶前，以右脚为轴，左脚向后旋转，转身运球。

切换右手运球，同时左脚带动身体朝后转动，行进至右列第一个锥桶前。

以左脚为轴，右脚向后旋转，转身运球。

绕过锥桶，并准备切换至左手运球。

左手运球，同时右脚带动身体朝后转动，朝下一个锥桶行进。按照上述动作，依次绕完四个锥桶。

运球的相关技巧

▶转身运球（带防守）

等级 ★★★★☆   ⏱时间   5分钟

进攻球员右手运球前进，防守球员在前方呈防守基本姿势，进行防守。

防守球员上前防守，距离越来越近，进攻球员逐渐放慢前进速度。

进攻球员停住脚步，侧身，左手挡住防守球员。

point
球不离手

进攻球员向后转身，开始转身运球。

完成转身，同时右手运球。

立即切换运球手，脱离防守，朝新方向运球进攻。

第 3 章　运球的相关技巧

技巧 **085**

等级 ★★★★☆　　⏱时间 5分钟

▶转身运球（双球练习）

扫一扫，看视频

前方纵向间隔放置三个锥桶，屈膝，双脚间距大于肩宽，双手各托一球。

双手同时运球前进至第一个锥桶前，右脚前跨一步，身体向右前倾，朝右双手运球。

进行转身运球，转身过程中，球不离手，转身完成，继续运球。

双手运球从锥桶左侧经过，朝第二个锥桶前进。重复上述转身运球动作，直至绕过第三个锥桶。

▶背后交替运球

等级 ★★★☆☆　　⏱时间 5分钟

扫一扫，看视频

▌屈膝，呈三威胁姿势持球。

▌右手运球，外展右臂拉高球。

▌屈腕带动指间发力，朝身后运球，球在双脚间击地。

▌左手于身体后侧接住反弹的球，顺势外展左臂，继续朝右运球。

手部动作

point
手指发力

💡 **小提示**

运球过程中，尽量保持身体稳定，仅双手移动运球、接球，尽量使球落在同一个点上，体会手指发力的技巧与感觉。

运球的相关技巧

▶身前身后交替运球

技巧 **087**

等级 ★★☆☆☆   ⏱时间 5分钟

屈膝，呈三威胁姿势持球。

右手持球，朝身后击地运球。

左手于身体后侧准备接住反弹的球。

左手接球后向前运球，至身前左侧。

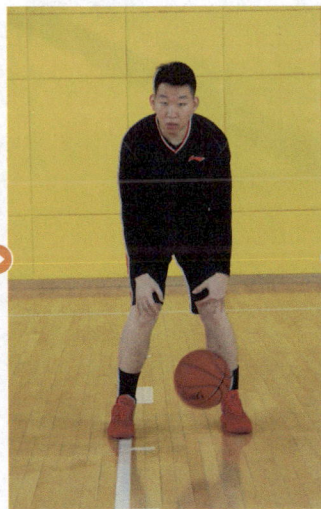

左手发力，朝右侧身前击地运球。

右手接住反弹的球。

▶ **运球同时互断对方球**

等级 ★★★★★　　⏱ 时间　5分钟

扫一扫，看视频

两名球员面对面站立在中线两侧，屈膝，呈三威胁姿势持球，准备运球。

两名球员在中圈内同时开始运球，并向对方靠近。

球员一手运球，非运球手在身前护球或去抢断对方的球。

抓住时机，率先抢断对方的球，使其失去对球的控制。

🔑 **技术要领**

集中注意力，善于观察

训练中，两名球员互为攻守，综合利用本章所介绍的变向、转身运球等技巧，注意观察对方球的运动轨迹，护球的同时也伺机开展进攻。

第3章 运球的相关技巧

技巧 089

▶ **运球击掌练习**

等级 ★★★☆☆　　⏱时间 2分钟

扫一扫，看视频

不看球，养成时刻观察队友或赛场的习惯。

point
距离适中，球员刚好能伸直手臂

两名球员屈膝，呈三威胁姿势各持一球，面对面站立，约两臂长距离，两名球员同时开始有节奏地进行右手运球。

point
击掌时，不停止运球

两名球员相互关注，连续运球3次后，伸直左手与对方击掌。按上述步骤继续左手运球训练。

技巧
090

▶ 变速运球（由慢到快）

扫一扫，看视频

等级 ★★★☆☆　　⏱时间　2分钟

球员站在三分线内侧，屈膝，呈三威胁姿势持球。

point
视线放远，观察全场

开始右手运球，模拟有对手防守，缓慢运球前进。此时为控制性运球。

point
球距离身体较近

此时宜拉近篮球与身体的距离，有助于牢牢控球，目视前方，观察全场情况。

point
将球向前推

point
迈大步

运球至限制区边线时，尽可能加大步伐，快速向前运球。

💡 小提示　加快速度时，迈步幅度尽可能大，手腕发力向前推球，始终保持球在前方，有助于加快步速。

第3章

技巧
091

▶ **变速运球（由快到慢）**

等级 ★★★★☆　　⏱时间 2分钟

扫一扫，看视频

球员于三分线内侧，开始右手运球。

point
球距离身体较远，
注意别失球

大跨步跑动前进，身体前倾，大力推球前进。

point
步幅变小

运球至限制区边线时，步幅逐渐缩小，将球往回拉。

小步慢速跑动，运球在身前慢速前进。

💡 **小提示**　变速运球有助于扰乱对手的防守节奏。当快速运球转为慢速运球时，球还在惯性快速运转，不易掌控。注意步速与球速的匹配。

传接球的
相关技巧

第4章

传接球，就是队友之间对球的传接。赛场上，传接球是球队的基本进攻战术，它是进攻球队掌握进攻节奏的基础。当球的位置发生变化，防守位置也跟着变化，当防守方阵脚被打乱，进攻方就能有更多的机会进行突破。本章介绍了多种基础传接球技术，涵盖了单人、双人以及多人的传接球训练。这些技术是每个球员都需要掌握的篮球技术。

技巧 092

▶ 接球准备姿势

等级 ★☆☆☆☆　　时间 2分钟

扫一扫，看视频

point 五指分开，掌心朝前

point 双脚距离大于肩宽

point 两臂伸直

point 始终目视前方

屈膝，双脚开立，间距大于肩宽，两臂自然弯曲。

双手朝来球方向，两臂伸直准备接球。

接球后，呈三威胁姿势持球。

手部动作

point 五指自然分开

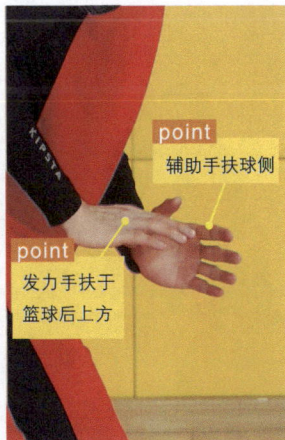

point 辅助手扶球侧

point 发力手扶于篮球后上方

🔑 技术要领

面向来球的方向

从准备阶段开始，球员的视线、身体及双手要朝向来球的方向，随时准备接球。接球时，可根据需要跳跃接球，双手前伸接球时注意缓冲。

技巧
093

▶胸前传球

等级 ★★★☆☆　　⏱时间 5分钟

扫一扫，看视频

point
肘关节朝外

point
五指分开，掌心对立，拇指呈八字形

point
旋转手腕，掌心朝外

屈膝，双脚平行站立，屈肘，双手持球于胸前。

右脚向前跨出一步，两臂伸直，手腕由内向外旋转，发力将球推出。

其他角度

💡 **小提示**

传球时，右脚向前跨一步，左脚蹬地发力，脚跟轻微抬起，身体重心前移；旋转手腕，带动指尖发力，将球从胸前推出。

双人胸前传球

point
球直线推出

两名球员各站在限制区两端边线上，持球球员屈膝，双脚平行站立，两臂自然弯曲，双手持球于胸前，接球球员呈接球基本姿势。持球球员向前跨出一步，后脚脚跟顺势微抬，身体前倾，手臂伸直，手腕外旋，朝队友方向将球直线传出。

手部动作

point
大拇指由朝上转为朝下

🔑 技术要领

全身配合发力

胸前传球是一种基本的传球技术，常应用于无防守球员的情形或攻守转换后的快速前进。该技术的特点是速度快、爆发力强及准确度高。胸前传球不仅靠手腕发力，还可配合手臂弯曲、身体前倾、腿部移动等动作发力，准确完成不同距离的传球。

扫一扫，看视频

技巧 094

▶击地传球

等级 ★★★☆☆　　　⏱ 时间 5分钟

point
五指分开，
指尖朝前

point
手臂朝下伸直

point
指尖朝下发力

屈膝，双脚平行站立，两臂自然弯曲，双手持球于身前。

右脚向前跨出一步，两臂朝下伸直，手腕由内向外旋转，向下发力将球传出，球在前方击地反弹。

其他角度

双人击地传球

point
球落地反弹至队友手中

两名球员各站在限制区两端边线上，持球球员屈膝，双脚平行站立，两臂自然弯曲，双手持球于胸前，接球球员呈接球基本姿势。持球球员向前跨出一步，后脚脚跟顺势微抬，身体前倾，手臂伸直，手腕外旋朝下发力，将球朝地面抛出，反弹至队友方向，接球球员手臂伸直接球。

目的　在距离较长的情况下，需突破对方防守，将球快速、准确地传给队友。

手部动作

point
指尖由朝上转为朝下

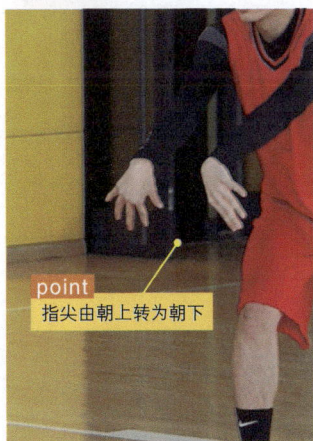

⚠️ **容易出现的错误**
球被抢断或队友没接住球。

✔️ **纠正的方法**
当球击地反弹后，球速减缓，故注意球击地的点，距离球员不能过远或过近，落点控制在两球员间三分之二处为宜，确保队友刚好能伸手接球。

扫一扫，看视频

101

技巧
095

▶ **背后传球**

等级 ★★★★☆　　⏴时间 5分钟

扫一扫，看视频

point
扶于球
后侧

point
扶于球旁侧

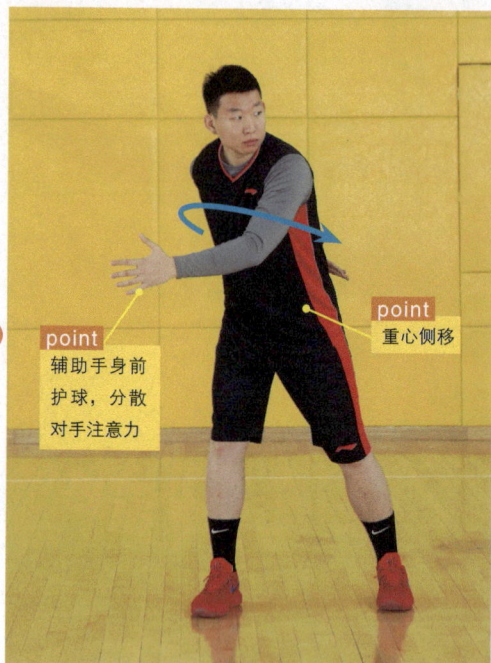

point
辅助手身前
护球，分散
对手注意力

point
重心侧移

屈膝，双脚平行站立，双手持球于身体一侧。

朝后旋转传球手手臂，内扣手腕，将球从背后传出。

其他角度

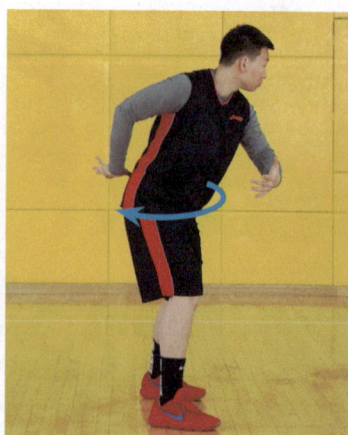

💡 **小提示**

背后传球是一名优秀球员
必备的技术，练习时，注
意强化非惯用手的传球
能力，并注意手腕发力的
技巧。

双人背后传球

两名球员各站在限制区两端边线上，持球球员屈膝，双脚平行站立，双手持球于身体一侧，侧对呈接球基本姿势的接球球员。持球球员上半身微前倾，朝后旋转传球手臂，手腕内扣发力，将球传给接球球员。

目的
当防守球员在身前进行拦截，持球球员需躲开防守，将球从背后传给队友，助力球队进攻。传球前可用三威胁姿势传球或眼睛看向其他方位，假装将进行胸前传球或投篮等动作。

手部动作

point
指尖朝传球方向，手腕内扣

⚠ 容易出现的错误

球被抢断或队友没接住球。

✓ 纠正的方法

传球之前，双手始终置于篮球之上，球不宜离开身体太近或太远，以防被对手从身后抢断。

扫一扫，看视频

103

▶头顶传球

等级 ★★★☆☆　　　时间 5分钟

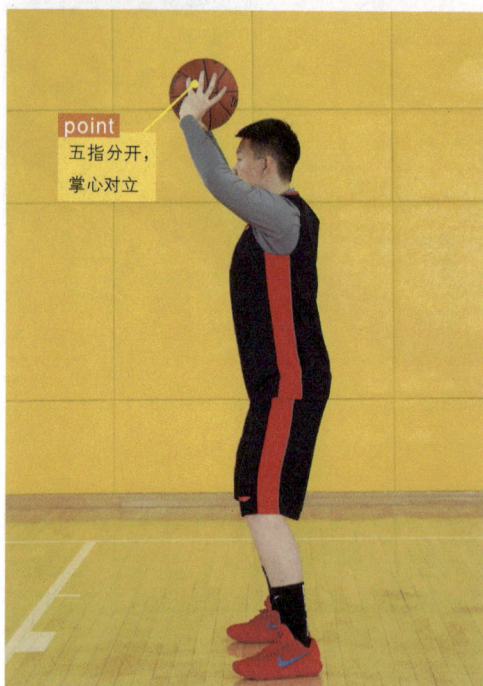

point
五指分开，
掌心对立

point
旋转手腕，
掌心朝外

微屈膝，双脚平行站立，双手持球于额前上方。

右脚向前跨出一步，两臂伸直，手腕由内向外旋转、发力，将球从头部前方传出。

其他角度

💡 **小提示**

传球时，身体随前脚跨步而前倾，重心前移，手臂和手腕向外翻转，掌心朝外，指尖发力将球传出。

双人头顶传球

point
球不宜抛得太高，
影响球速

point
长距离传球

两名球员各站在限制区两端边线上，持球球员屈膝，双脚平行站立，双手持球于额前上方，接球球员呈接球基本姿势。持球球员前跨一步，两臂伸直，手腕发力，将球从额前传出，接球球员接球。

目的 当前方有防守球员或需进行长传时，持球球员可用头顶传球将球从上方绕过防守球员传给队友。

手部动作

point
指尖由朝上转为朝
两侧，拇指朝下

⚠️ **容易出现的错误**

传球姿势不规范，球被抢断。

✓ **纠正的方法**

传球时，球应在头部前方，若太靠后，容易被身后的防守球员抢断。因头顶传球的距离较远，球员传球速度要快、方向要准，球不宜抛得过高。

扫一扫，看视频

技巧
097

▶双人单臂勾手击地传球

等级 ★★★☆☆　　　⏱时间 5分钟

两名球员各站在限制区两端边线上，持球球员呈三威胁姿势持球，接球球员呈接球基本姿势。模拟身前有防守球员，持球球员朝防守球员一侧跨步，传球手手腕向下发力将球传出，球在前方击地反弹，到达接球球员手中。

手部动作

point
手腕向下扣

🔑 技术要领

球反弹至接球球员腰部位置

传球时，传球手手臂伸直，屈腕发力，球反弹的高度大约位于接球球员腰部位置，便于队友接球。在球传出前，传球球员始终双手持球，避免球掉落或被抢断。练习时，左右两侧都需重复训练。

💡 小提示

当防守球员在身前严密防守时，持球球员可用此技术将球绕过对手，从其一侧传球。

技巧
098

▶双人单臂勾手胸前传球

等级 ★★★☆☆　　⏱时间 5分钟

两名球员各站在限制区两端边线上，持球球员呈三威胁姿势持球，接球球员呈接球基本姿势。模拟身前有防守球员，持球球员朝防守球员一侧跨步，传球手伸直，手腕发力，沿右侧朝队友方向将球传出。

手部动作

point
手腕由外向内扣

🔑 **技术要领**

注意手腕发力的技巧

传球时，屈腕发力，将球传至队友胸前，而不是将球扔向队友。在球传出前，持球球员始终双手持球，避免球掉落或被抢断。练习时，左右两侧都需重复训练。

💡 **小提示**

当防守球员在身前严密防守时，持球球员可用此技术将球绕过对手，从其一侧传球。

扫一扫，看视频

107

▶ 保龄球传球

等级 ★★★☆☆　　　⏱ 时间 5分钟

扫一扫，看视频

point
掌心朝上

point
手臂伸直朝下

point
指尖朝上发力

双手持球于身前一侧，右手托球，左手于一侧扶球。

右脚向前跨出一步，两臂伸直，手腕带动手指发力，像打保龄球的姿势一般将球传出。

其他角度

双人保龄球传球

两名球员各站在限制区两端边线上，持球球员屈膝，双手持球于身前一侧，右手托球，左手于一侧扶球，接球球员呈接球基本姿势。右脚向前跨出一步，两臂伸直，手腕带动手指发力，像打保龄球的姿势一般将球传出，接球球员接球。

定义 此练习与打保龄球时手部姿势相似，手腕向上将球传给队友。

手部动作

point
指尖朝上

⚠ 容易出现的错误

传球力度不够，或距离太远，使队友未接到球。

✓ 纠正的方法

此练习传球速度较慢，应选择距离不远的队友进行传球，可先跨步再传球，配合身体向前的惯性，增加传球力度，以便球能及时准确地传给队友。训练时，两名球员相互传球，重复练习。

扫一扫，看视频

技巧
100

▶ **口袋传球**

等级 ★★★★☆　　⏱时间 5分钟

扫一扫，看视频

point
看向侧后方

point
在裤子口袋处，
屈腕将球传出

两脚前后站立，双手持球于身体一侧，上半身前倾，视线看向传球方向，头部带动上半身向球侧微转。

右手持球，手臂伸直向后转动，屈腕发力，手指朝前方地面拨球，将球从裤子口袋位置传出，使球击地反弹至队友手中。

手部动作

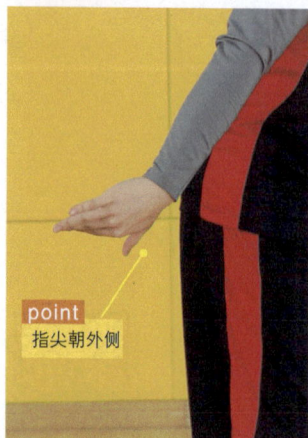

point
指尖朝外侧

⚠ **容易出现的错误**

传球方向不准确，队友未接到球。

✓ **纠正的方法**

口袋传球的关键点在于传球路线是否准确。传球前，球员应观察确认队友位置并暗示队友，从身侧传球时，注意发力的方向与力度，找准落点，球击地反弹后，正好传至队友正前方。

双人口袋传球

point
准备将球移至
口袋位置处

两名球员各站在限制区两端边线上，传球球员双脚前后站立，侧对队友，身体微微前倾，准备传球，接球球员呈接球基本姿势。

传球球员将球移至靠近队友的身体一侧，在口袋位置将球传出，球击地反弹，接球球员接球。两名球员互换角色练习。左右两侧都需练习，提升非惯用手的传球能力。

扫一扫，看视频

💡 小提示　暗示传球时，不宜直接面向队友表达意向，传球前可做一些朝前进攻的假动作，迷惑防守球员，再突然从身侧将球传出。

111

技巧
101

▶ **头上勾手传球**

等级 ★★★★☆　　时间 5分钟

point
头转向传球方向

微屈膝，双脚平行站立，双手持球于左耳侧，头部转向右侧，面对传球方向。

point
脚跟微抬，辅助发力

左臂持球上移，身体右倾，左手腕屈曲发力，将球越过头顶朝右传出。

手部动作

💡 **小提示**

传球时，重心朝传球方向移动，辅助手仅为支撑手，不发力，仅持球手发力。注意球上移时，不要太靠后，否则可能会导致传球方向偏移，球速变慢。

双人头上勾手传球

两名球员各站在限制区两端边线上，传球球员屈膝站立，侧对队友，持球于身前，看向队友，示意传球。接球球员呈接球基本姿势。

point
手指发力将球传出

传球球员持球上移，左手将球从左身侧越过头顶传给队友，左脚蹬地发力，身体顺势右倾，接球球员接球。两名球员互换角色练习。左右两侧都需练习，提升非惯用手的传球能力。

扫一扫，看视频

💡 小提示　不宜面向队友暗示将传球，传球前可做一些朝前进攻的假动作，迷惑防守球员，再突然从身侧传球出去。

113

技巧 **102**

等级 ★★☆☆☆ ⏱时间 2分钟

▶ **传球假动作（左右）**

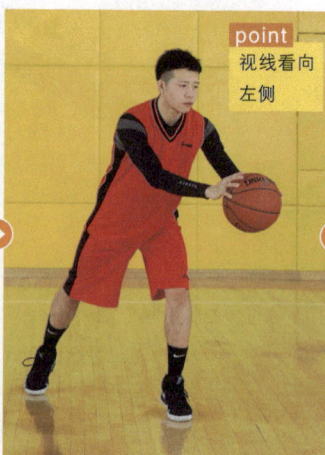

扫一扫，看视频

传球假动作（左）

point
视线看向
左侧

屈膝，呈三威胁姿势持球。

左脚前跨一步，重心左移，两臂伸直，假装朝左前方传球。

随后快速朝右前方跨一步，重心右移，两臂伸直，从右前方将球传出。

传球假动作（右）

💡 **小提示** 两个动作要点一致，传球假动作（右）先假装朝右传球，最后从左侧将球传出。

第4章　传接球的相关技巧

技巧
103

▶ **传球假动作（上下）**

等级 ★★☆☆☆　　　⏱时间 2分钟

扫一扫，看视频

point 视线放远

屈膝，呈三威胁姿势持球。

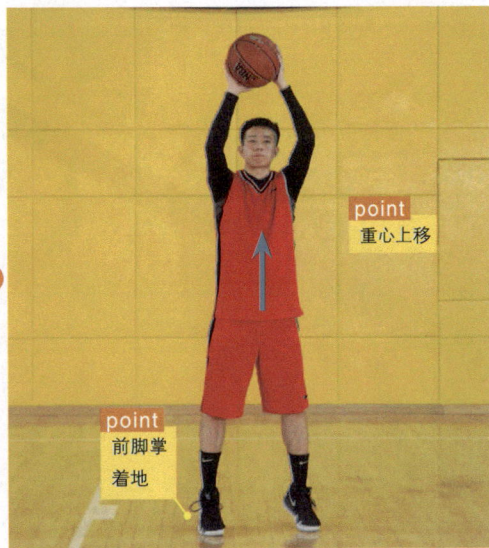

point 重心上移

point 前脚掌着地

双脚蹬地，伸展身体，双手举球过头顶，假装头顶传球。

point 前跨一步

随后快速朝左前方跨一步，两臂伸直，将球传向左前方。

目的

比赛中，使用假动作，可误导防守球员做出错误判断，从而实现进攻突破。做假动作时，注意眼神的配合，令防守球员信以为真。

🔑 **技术要领**

保持身体灵活性

此练习比较容易掌握，但球员从屈膝到伸展身体再屈膝跨步，要求动作切换快速流畅，对身体灵活性要求较高。过程中，身体重心要随球的移动而转移，保持身体平衡。

技巧
104

▶传球假动作（两次传球）

等级 ★★☆☆☆　　⏱时间 2分钟

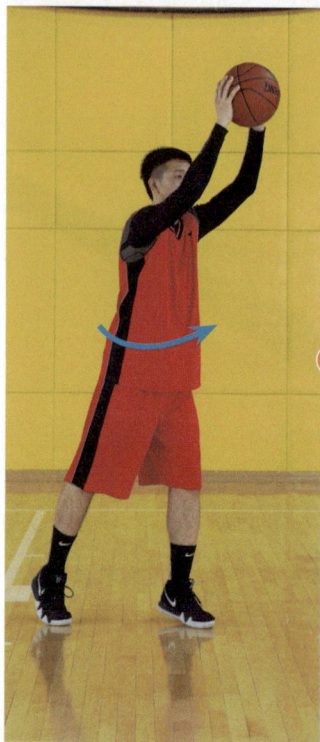

双手持球，身体左转，双手举球过头顶，假装朝头顶左前方传球。

停顿一下，身体快速转向右侧。

随后将球朝头顶右前方传出。

定义　传球假动作（两次传球）是指在第一次传球时作势传球并停止，随后伺机再次将球从另一侧传出。常应用于头顶传球。

🔑 技术要领

中间停顿一次

传球时突然停顿，会让防守球员无法预测进攻球员的真实意图，打乱防守球员节奏。此时进攻球员伺机快速将球传至新方向，提高传球成功率。

扫一扫，看视频

传接球的相关技巧

▶ 双球传球（上下）

技巧 **105**

等级 ★★★☆☆ 　⏱时间 5分钟

扫一扫，看视频

两名球员面对面站立相距4~6米，各持一球于身前，双脚前后站立，准备传球给对方。

两名球员开始同时传球。一名球员胸前传球，另一名球员击地传球，将两个球从上、下两个不同位置传向对方。两名球员交换传球方式，重复练习。

技巧
106

▶ **双球传球（左右）**

等级 ★★★☆☆　　⏱时间 5分钟

扫一扫，看视频

两名球员面对面站立相距4~6米，各持一球于身前，双脚前后站立，准备传球给对方。

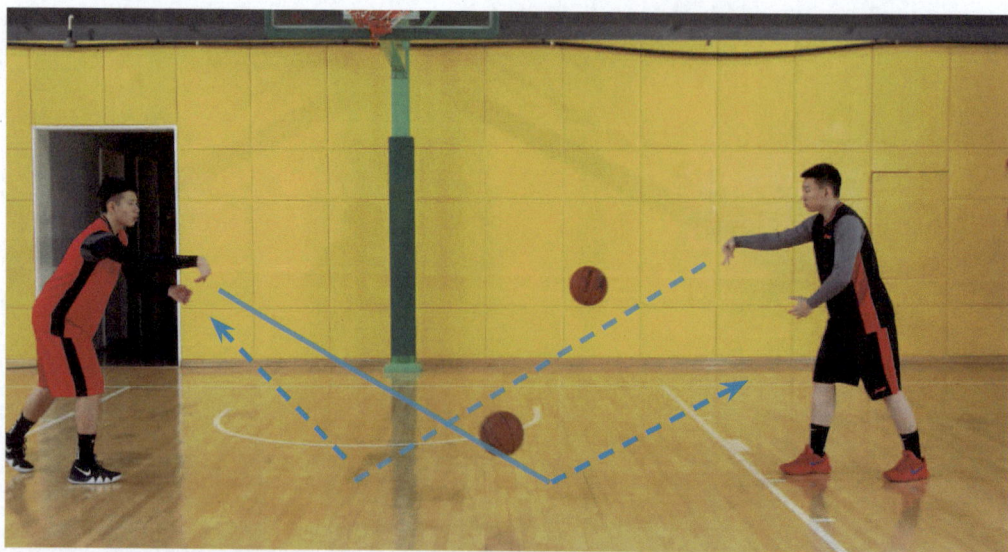

两名球员开始同时采用单臂勾手击地传球的方式进行传球，为使球不相撞，传球时两人使用同侧手传球。

传接球的相关技巧

技巧 **107**

▶**触摸锥桶传球练习**

扫一扫，看视频

等级 ★★★☆☆　　　⏱ 时间 2分钟

point
掌心朝前

两名球员面对面站立，身前各放置一锥桶，一名球员呈三威胁姿势持球，另一名球员屈膝，一手指尖触摸锥桶，一手朝前伸直。

point
接球瞬间，手才离开锥桶

持球球员前跨一步，进行胸前传球。接球球员持续触摸锥桶，直至球至身前再用双手接球。互换传接球角色，重复练习。

技巧
108

▶ **机关枪传球**

等级 ★★★★☆　　⏱ 时间　2分钟

扫一扫，看视频

三名球员搭档练习。球员A和球员C各持一球，球员B呈接球基本姿势。

球员A朝球员B方向前跨一步，以胸前传球的方式传球给球员B。球员B接球，再以相同方式回传给球员A。

球员B转身面向球员C，球员C随即朝球员B方向前跨一步，以胸前传球的方式传球给球员B。球员B接球，再以相同方式回传给球员C。三名球员交换角色进行多次训练。

传接球的相关技巧

技巧
109

▶ **2v1传球**

等级 ★★★★☆   ⏱时间 5分钟

扫一扫，看视频

三名球员搭档练习。球员B和球员C面对面站立，各位于限制区两边线处，球员B持一球，球员A站在两者之间，扮演防守球员。

球员A跑至球员B前进行防守，球员B伺机用合适的传球动作，将球传给球员C。

球员A转身跑向球员C，进行防守。球员C接球后，立即将球传给球员B。如此反复，三名球员交换角色进行多次训练。

技巧 110

▶ 全场双人传球

等级 ★★★★★　　　⏱ 时间　5分钟

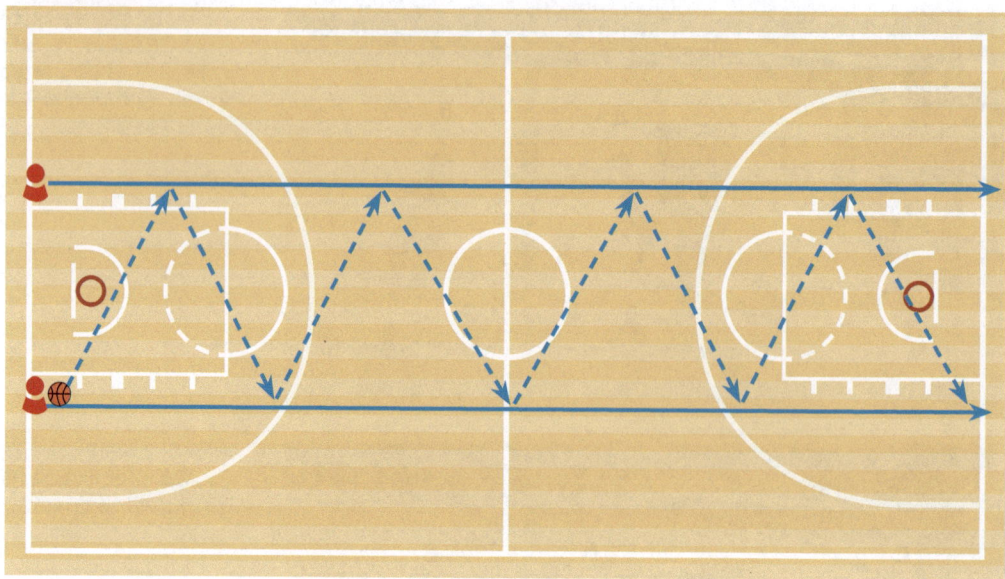

两名球员搭档练习，面对面相距3~5米，站在底线上，其中一名球员持球。两名球员沿直线并行前进，持球球员传球，另一球员接球。两名球员交互传接球，跑过全场，跑至另一条底线。

🔑 技术要领

把握传球时机

由于球员需在跑动中进行传接球，因此需要把握好传球时机，尤其在长距离的练习中，传球者应根据队友的步速、位置等因素进行传球，这对球员传球的发力角度、力度都有要求。传球者要确保传球路线准确、落点在队友身前不远处，队友刚好能伸手接球。

💡 小提示

传球次数依球员情况来定，3次、5次、8次均可。

投篮的相关技巧

第5章

投篮是篮球运动中非常重要的一项篮球技术，同时也是球员练习最多的篮球技术之一。简单来说，篮球运动的主要目的，就是投篮得分和阻止对手投篮。投篮是影响比赛胜负的直接因素，提高并保持稳定的投篮命中率，是每个球员乃至整个球队都必须掌握的能力。本章将详细介绍有关投篮技术的相关技巧。

投篮的相关技巧

▶ **跳投标准动作**

扫一扫，看视频

等级 ★★☆☆☆　　⏱ 时间　5分钟

point
屈肘约90度

point
伸直手臂，压腕使球后旋，手指用力将球投出

point
双脚同时向正上方跳起

屈膝，双手持球于胸前，上半身微前倾。

提高身体重心，将球举至额前上方，观察篮筐，注意视线不受篮球影响。

双脚起跳蹬地发力，当身体跳至最高点时，将篮球朝篮筐方向投出。

💡 **小提示**　　球出手后保持压腕动作有助于球员形成稳定的投篮姿势，让投篮动作更完整流畅。

🔑 **技术要领**

抛物线的轨迹和直线投篮

跳投动作在比赛中运用频率非常高。投篮时，出手点尽量高一些，手腕发力使篮球向后旋，此时篮球在空中沿抛物线落入篮筐。多加训练，熟练掌握跳投动作。

第5章

投篮的相关技巧

技巧
112

▶ **投篮预备站姿练习**

等级 ★★★☆☆　　 ⊙时间 2分钟

扫一扫，看视频

两名球员面对面站立，球员A持球站在篮下无撞人半圆区（以篮筐中心正下方的场地上的点为圆心，半径为1.25米的半圆），球员B屈膝，双脚前后站立于罚球线上，右手触摸身前锥桶，左手屈肘朝前准备接球。

球员A进行胸前传球，球员B屈膝跳起，双手接球，落地后双脚平行站立。

球员B接球后，原地双脚起跳，朝篮筐将球投出。球员A转身观察篮筐，随时准备接球。

💡 **小提示**　　在身体达到最高点再出手投篮，可降低被对手盖帽的概率。

🔑 **技术要领**

练习投篮的节奏

练习投篮时，保持动作的连贯性与节奏性，注意四肢的协调性，当身体跳至最高点时，手腕下压，感受拇指和食指发力拨球。当球投出后，指尖朝下，手腕正对篮筐方向，保持这个动作直至双脚落地，篮球入筐。

技巧
113

投篮的相关技巧

▶ **辅助手握拳投篮练习**

扫一扫，看视频

等级 ★★☆☆☆　　🕐时间　2分钟

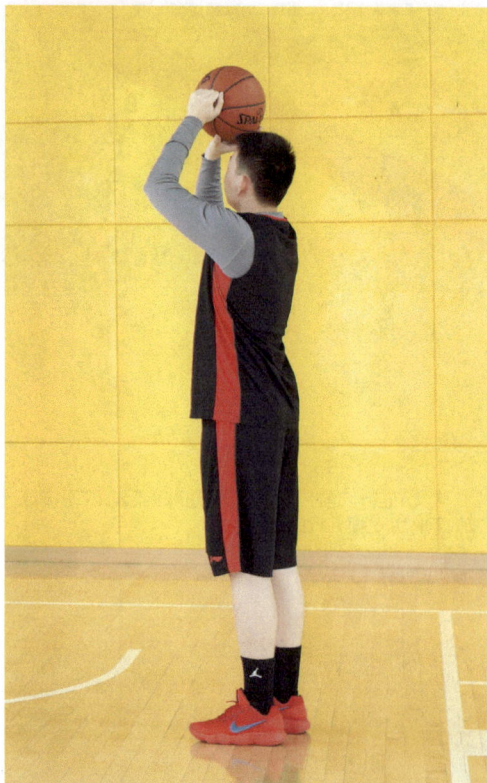

投篮手屈肘约90度，五指分开，掌心空出，托球高于头部，对准篮筐，非投篮手呈握拳状，靠在篮球侧面，准备投篮。

投篮手伸直，手腕下压，朝篮筐将篮球投出，球入篮筐前，持续保持球出手时的姿势。

目的　此练习是为了培养球员良好的投篮习惯：用持球手发力投篮，辅助手仅起固定作用，不过多发力。

🔑 **技术要领**

练习距离由近到远

练习并掌握不同距离的投篮技巧。可先从篮下开始练习辅助手握拳投篮，当命中率稳定后，后退一步，继续练习辅助手握拳投篮，按此标准，直至退至三分线进行辅助手握拳投篮。

投篮的相关技巧

▶三步上篮（高手上篮）

等级 ★★★☆☆　　⏱时间 5分钟

扫一扫，看视频

运球至限制区一侧边线时，双手持球朝篮下跨出第一步。

继续身前持球前进，跨出第二步至无撞人半圆区附近，看向篮筐。

point
掌心朝向篮筐

第三步蹬地发力向篮筐方向跳起，单手屈肘将球举过头顶，跳至最高点时，手指发力将球朝篮筐方向投出。

🔑 技术要领

掌心朝向篮筐

投篮时，用远离防守球员的手持球投篮，五指分开，托住球的后下方，持球手掌心朝向篮筐，指尖发力，将球朝篮筐投出。起跳时，非发力腿屈膝上提，顺势拉近身体与篮筐的距离。

💡 小提示

通常所说的跑步上篮，即三步上篮，常应用于切入篮下投篮的场景。通过最后几步加速的冲力，将球投向篮筐。

127

投篮的相关技巧

▶ **三步上篮（低手上篮）**

扫一扫，看视频

等级 ★★★☆☆　　⏱ 时间　5分钟

运球至限制区一侧边线时，双手持球朝篮下跨出第一步。

继续身前持球前进，跨出第二步至篮下无撞人半圆区附近，看向篮筐。

point
掌心朝上

第三步蹬地发力向篮筐方向跳起，单手将球托起，高过头顶，手臂伸直。跳至最高点时，手指发力将球朝篮筐方向投出。

🔑 **技术要领**

指尖对篮筐

持球跑动时，想象前方有防守球员，将球在身前近距离牢牢控制住，可适时移动球躲避对手抢断。投篮时，手臂朝前方伸直，掌心朝上托住篮球，指尖对篮筐，指尖发力将球投向篮筐。

💡 **小提示**

与高手上篮的不同之处在于，低手上篮投球时，手部投球的方式不一样。

技巧 116 ▶ 欧洲步上篮

等级 ★★★★★　　⏱ **时间** 5分钟

持球于限制区边线，限制区内侧置一锥桶，模拟防守球员挡在持球球员投篮路线上。

双手持球跑至锥桶前，向锥桶一侧跨出同侧脚，吸引防守球员靠近。

point
从锥桶一侧前进

随后朝锥桶另一侧脚跨出一大步，越过锥桶，身体重心随之转移。

跨步脚落地后，蹬地发力起跳，单手持球高举，朝向篮筐，跃至最高点时，手臂伸直将球投出。

💡 小提示

欧洲步上篮的名字起于欧洲球员。球员在突破上篮时，为突破防守，突然改变前进步伐，通过身体重心的左右晃动误导对手，从而摆脱防守，成功投篮。

扫一扫，看视频

技巧 **117**

▶ **移动勾手投篮**

扫一扫，看视频

等级 ★★★★☆　　⏱ 时间　5分钟

双手持球站在限制区边线附近，侧对篮筐，朝前跑动，跨出第一步。

继续朝前跨出第二大步，观察篮筐。

point
手臂贴近耳侧

第三步跳起，持球举过头顶，由投篮手对侧脚蹬地发力，跳至最高点时，手腕朝篮筐内扣，将球投出。

🔑 **技术要领**

掌握好球与篮筐的距离

此练习常应用于离篮筐较近的投篮场景。球员起跳前，需将篮球牢牢护在身前，贴近身体。单手持球上举时，宜贴近身体上举，过程不宜离身体太远，否则容易被抢断。球投出后，需继续观察球是否入筐，若没投中，及时补篮，提高命中率。

💡 **小提示**

在跑步靠近篮下的初期，球员不看篮筐，让防守球员猜不透真实意图。但进入篮下区域后，需密切关注篮下情况。

▶ 起跳勾手投篮

等级 ★★★☆☆　　⏱ 时间　5分钟

扫一扫，看视频

屈膝，呈三威胁姿势持球，侧对篮筐。

point
辅助手护球

point
原地起跳

双脚蹬地发力，向上跳起，持球举过头顶，跳至最高点时，投篮手手臂伸直，手腕朝篮筐内扣，将球投出。

point
指尖朝向篮筐

观察篮球是否入筐，延续投篮动作至球入篮筐。

目的　当篮下有身形高大的对手防守时，可用此动作投篮，以身体来阻挡对手抢断或盖帽，远离防守球员的手投篮。

🔑 **技术要领**

朝篮筐屈腕发力

练习时，身体始终全程侧对篮筐，投篮手伸直时紧贴耳侧，朝篮筐屈腕，掌心、指尖均朝向篮筐，将球抛出。

技巧
119

▶**擦板投篮**

等级 ★★★☆☆　　　⏱时间 5分钟

扫一扫，看视频

point
约45度

屈膝，呈三威胁姿势持球，站于限制区一侧边线，与篮板夹角约45度。

双手持球上移，视线锁定篮板某一点。

双脚蹬地发力，身体伸展，投篮手伸直，屈腕朝篮筐将球投出。

定义　擦板投篮即投篮时击中篮板的投球，是内线球员常用的投篮技巧。

🔑 **技术要领**

找准投篮点

练习时，球员可选择站在与篮板成45度角的位置进行训练。投篮时，注意手腕发力的角度与力度，瞄准篮板上正方形右顶角投篮，使篮球砸到篮板后反弹进篮筐。

技巧
120

▶强行过人投篮

等级 ★★★★☆　　　⏱时间 5分钟

持球球员侧对防守球员准备投篮，防守球员抬起一只手臂进行阻拦。

持球球员运球，侧身向内线移步，防守球员持续防守。

持球球员用身体护球，移至篮下，起身举球，瞄准篮筐。

持球球员伸直身体，双脚蹬地起跳，手部发力，将球投进篮筐。

扫一扫，看视频

💡 **小提示**　训练中，防守球员要紧贴对手跟进防守，给进攻球员压迫感，阻止进攻球员投篮；进攻球员尽可能少运球，以免被抢断。

投篮的相关技巧

▶假动作和提速投篮

等级 ★★★★☆　　⏱时间　5分钟

进攻球员站在限制区外，踮起双脚，伸展身体，双手持球，做投篮状，防守球员跳起阻挡。

进攻球员获得突破空间，快速放低身体，屈膝，侧对篮筐，快速朝篮下运球前进，防守球员上前防守。

持球球员用身体护球，移至篮下，起身举球，瞄准篮筐。

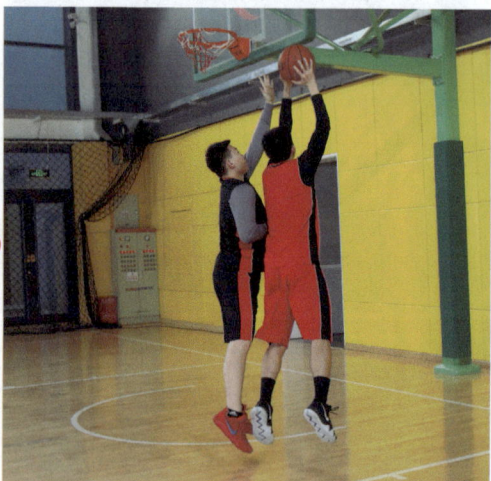

持球球员伸直身体，双脚蹬地起跳，手部发力，将球投进篮筐。

💡 小提示　假动作是实战中常用的战术，可使对手预判失误。使用假动作成功迷惑对手后，球员再加快进攻速度，可打对手一个措手不及。

第5章

技巧 122

投篮的相关技巧

▶勾手投篮（带防守）

等级 ★★★★☆　　⏱时间　5分钟

扫一扫，看视频

进攻球员背对篮筐运球，防守球员在其身后对抗，阻止其靠近篮筐。

进攻球员双手持球，转身90度，侧对篮筐，准备朝篮下突破前进。

进攻球员双手持球于胸前，用身体挡护球，将防守球员挡在身后，突破至篮下。

point
辅助手护球

进攻球员抓住时机，在篮筐的一侧单腿蹬地起跳，用远离防守球员的一侧手进行勾手投篮，投篮手同侧腿顺势抬起助力身体跳起。

技巧
123

▶ **180度跳转投篮**

等级 ★★★★☆　　　🕐时间 2分钟

扫一扫，看视频

屈膝，呈三威胁姿势持球，背对篮筐，站于罚球线上。

球员双脚蹬地发力跳起，朝左后方转体180度。

完成180度跳转后，双手持球于身前，正对篮筐，屈膝降低重心。

瞄准篮筐，双脚蹬地发力起跳，伸展身体，双手举球过头顶，投篮手伸直，屈腕发力将球投进篮筐。

第5章 投篮的相关技巧

技巧 124

▶ 强手一侧接球后投篮

等级 ★★★☆☆　　⏱ 时间　2分钟

扫一扫，看视频

point
强手掌心对球

假设球员右手为强手。两名球员面对面各站立在罚球线两端，一名球员呈持球基本姿势，另一名球员上抬右手，五指分开前伸，左手屈肘于身侧，两脚一前一后站立，准备接球。

持球球员传球给队友，接球球员屈膝，持续保持强手前伸的状态。

待球接近，接球球员身体前倾，双手接球，随后转身面对篮筐，双脚起跳，投篮。

137

▶ **弱手一侧接球后投篮**

等级 ★★★☆☆　　⏱时间 2分钟

扫一扫，看视频

假设球员左手为弱手。两名球员面对面各站立在罚球线两端，一名球员呈持球基本姿势，另一名球员上抬左手前伸，五指分开，右手屈肘于身侧，两脚一前一后站立，准备接球。

持球球员传球给队友，接球球员屈膝，持续保持弱手前伸的状态。

待球接近，接球球员身体前倾，双手接球，随后转身面对篮筐，双脚起跳，投篮。

point
弱手在前接球

第5章

技巧 **126**

投篮的相关技巧

▶ **前方传球接球后投篮**

扫一扫，看视频

等级 ★★☆☆☆　　⏱ 时间 2分钟

两名球员屈膝面对面站立，持球球员站在无撞人半圆线上，接球球员双脚前后分开，站在罚球线一侧，右手前伸，准备接球。

持球球员进行胸前传球，接球球员双手前伸准备接球。

待球接近，接球球员身体前倾，双手接球。

接球球员接球后，面对篮筐，双脚起跳，投篮。

💡 **小提示**　赛场上，篮下防守密集，进攻球员投篮受阻，一般会选择将球传给不远处的队友投篮。此练习常用于躲避防守。

技巧
127

投篮的相关技巧

▶ **手递手假传上篮**

等级 ★★★★★   ⏱时间 5分钟

扫一扫，看视频

球员A、球员B为进攻球员，球员C、球员D分别对两名进攻球员进行防守。

球员A跑至罚球线接球，球员B跑向前，双手前伸，假装接球。防守球员紧跟，防守注意力转移到球员B身上。

当球员B靠近时，球员A双手持球，从身前右侧上举，绕过头部上方，避开球员D的防守，持球转身朝篮下运球，球员D与球员A擦身而过。

球员A突破防守，运球跑至篮下，双脚起跳进行投篮。

💡 **小提示**

此练习需要队友间的默契配合，通过假装传接球，转移防守球员的注意力，给持球队友制造突破防守的机会。

第5章　投篮的相关技巧

技巧
128

投篮的相关技巧

▶ 投篮假动作

等级 ★★★☆☆　　⏱ 时间　2分钟

进攻球员持球站在限制区，屈膝准备投篮，防守球员于其身前防守。

point
起身假装投球

进攻球员伸展身体，踮起双脚，双手举球过头顶，假装要投篮，防守球员站直，伸手封盖。

进攻球员快速屈膝降低重心，防守球员扑空，立即屈膝放低身体进行防守。

进攻球员抓住时机，起身双脚跳跃，瞄准篮筐，屈腕发力，将球从对手上方投出。

💡 **小提示**

投篮时，当面前有防守球员时，可采用此战术，先用投篮假动作转移对手注意力，再趁其做出反应前，将球投出。注意身体快速伸展时，投篮目标的准确性。

技巧
129

▶ **试探步跳投**

等级 ★★★☆☆　　⏱ 时间　2分钟

进攻球员屈膝，呈三威胁姿势持球，防守球员于其面前呈防守基本姿势。

进攻球员朝防守球员一侧迈右脚横跨一步，身体重心随之转移，防守球员朝左移动，进行阻拦。随后进攻球员立即回撤右脚。

当防守球员准备回位防守时，进攻球员快速起身，双脚起跳，将球投向篮筐。

🔑 **技术要领**

牢牢护球

试探步是利用步伐和身体的假动作，将防守球员注意力转移至一侧，趁其来不及反应时，回归原位，在防守球员另一侧起身投篮。转换动作时，注意保持身体稳定，保护好球，以防被抢断。

第5章 投篮的相关技巧

技巧 130 ▶ 突破步直线突破跳投

等级 ★★★☆☆　⏱时间 2分钟

扫一扫，看视频

进攻球员屈膝，呈三威胁姿势持球，防守球员于其面前呈防守基本姿势。

进攻球员朝防守球员一侧迈右脚前跨一步，身体重心随之转移，防守球员左移阻拦。

point 回归原位，从一侧突破

进攻球员迅速撤回右脚，回到原位。防守球员继续防守。

point 左脚蹬地发力

抓住时机，进攻球员再次朝右前方迈步，直线突破，运球至篮下，双脚起跳投篮。

💡 **小提示**

执行直线突破时要从防守球员的一侧找到突破口，进攻球员先进行一次试探步，吸引防守球员注意，转而沉肩侧身前跨，突破到篮下后投篮。

投篮的相关技巧

▶ **突破到强手一侧跳投**

等级 ★★★☆☆　　　⏱ 时间　2分钟

扫一扫，看视频

point
朝强手侧迈步

point
迅速撤回
右脚

以进攻球员右手是强手为例。进攻球员以三威胁姿势持球，右脚外展前跨一步，身体重心随之转移，防守球员左移阻拦。

进攻球员迅速撤回右脚，回到原位。防守球员回位防守。

趁防守球员回到原位时，进攻球员抓住时机再次朝右前方跨步，从防守球员一侧突破。

进攻球员突破防守，运球前进，最后双脚起跳投篮。

💡 **小提示**

练习时，两名球员可互换角色模拟实战，进行多次练习，使动作更敏捷。

投篮的相关技巧

▶ 突破到弱手一侧跳投

等级 ★★★★☆　　　⊙时间 2分钟

扫一扫，看视频

以进攻球员左手是弱手为例。进攻球员屈膝，呈三威胁姿势持球，防守球员于其面前呈防守基本姿势。进攻球员朝强手一侧跨步，防守球员进行阻拦。

point
跨步要大，拉开距离

进攻球员迅速收回迈步脚，并立即侧身跨向弱手一侧，越过防守球员，左手运球，此时将防守球员挡在身后。

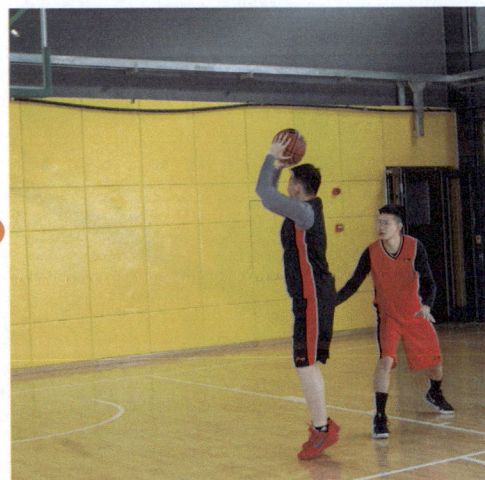

point
目视篮筐

进攻球员后脚前迈，双脚平行站立，屈膝，瞄准篮筐。防守球员准备上前阻拦。

投篮球员抓住时机，双脚起跳，进行投篮。

💡 **小提示**

球员需多练习此技巧，弥补弱手侧的不足，提高弱手侧的进攻能力和护球能力。

投篮的相关技巧

▶ **突破步交叉突破上篮**

等级 ★★★★★　　⏱时间　2分钟

扫一扫，看视频

进攻球员屈膝，呈三威胁姿势持球，防守球员于其面前呈防守基本姿势。

point
朝右跨步

进攻球员以左脚为轴，右脚朝防守球员一侧跨步，身体重心随之转移。防守球员左移阻拦。

point
朝左前方迈步

进攻球员迅速撤回右脚，同时朝左前方跨一大步，此时防守球员来不及转身防守。

point
朝篮下突破

进攻球员抓住时机，突破防守，运球至篮下，双脚起跳，进行投篮。

💡 **小提示**

此练习主要通过左右快速移动的假动作，误导防守球员，成功避开防守，从防守球员一侧突破。注意动作要快，重心要稳。

技巧
134

投篮的相关技巧

▶后退步跳投

扫一扫，看视频

等级 ★★★★★　　🕐 时间 2分钟

进攻球员屈膝，呈三威胁姿势持球，防守球员于其面前呈防守基本姿势。

point
朝前跨步

进攻球员运球向前跨一步，假装要运球前进。防守球员后退一步继续防守。

point
撤回跨步脚

进攻球员迅速撤回跨步脚，回到原位。防守球员准备上前进行防守。

进攻球员抓住时机，双脚起跳，伸展身体，举球过头顶，投篮手伸直，朝篮筐方向投球。

💡 **小提示**

实战中，若遇对手在身前贴身防守，可采用此战术，先强势运球，假装前进，迫使防守球员后退，拉开一点距离，然后迅速后撤步，进行投篮。

技巧
135

▶后转身运球到尖位跳投

等级 ★★★★★ ⏱时间 2分钟

试探步。

进攻球员屈膝，呈三威胁姿势持球，防守球员于其面前呈防守基本姿势。进攻球员朝右进行一次试探步。

突破步。

point 中枢脚

防守球员紧跟防守，进攻球员以左脚为轴，撤回右脚并立即朝左前方跨步，身体重心随之转移，左手运球，进行一次突破步。防守球员上前阻拦。

point 转身，背对防守球员

point 切换脚

进攻球员切换右脚为轴，朝左后方转身运球。

point 切换运球手

转身后，切换右手运球，将防守球员挡在身后。

继续运球，突破防守，双脚平行站立，蹬地起跳，朝篮筐方向投球。

💡 **小提示**

转身幅度不要太大，确保能牢牢控球。转身后，切换成离防守球员较远的手运球，防止被抢断。

扫一扫，看视频

篮板球的相关技巧

第6章

篮球运动中，即使是最优秀的投篮手，也时常会有投篮不中的情况发生，因此，抢夺篮板球非常重要。在某些情况下，篮板球甚至能改变比赛输赢的趋势。当篮球投出，它不再归属任一方，因此，无论篮球是否成功入筐，球员在篮下时，都需时刻准备抢篮板球。本章将介绍有关篮板球的技术要点及战术。

技巧
136

▶ **抢篮板球**

等级 ★★★☆☆　　　⏱时间 2分钟

point
始终挡在对手前面

point
观察篮球运动路线

观察球的方向，侧身对防守球员，双脚前后站立，挡住防守球员的手和脚逼迫其后退，使其尽量远离篮筐。

向后转身，双脚平行开立，屈膝降低重心，将防守球员挡在身后，抬头观察篮球的运动路线。

双脚蹬地发力起跳，双手伸展过头顶，在篮筐下抢球。

🔑 **技术要领**

预判球的路线

不论是哪一方进行投篮，篮球是否成功入筐，球员都需要有抢篮板球的意识，预判球的路线，并根据篮球砸到篮板或篮筐后反弹的方向，快速朝球跳起，准确抢到落下的篮球。

💡 **小提示**

抢篮板球前，要提前卡位，比对手提前抢占篮下位置非常重要。注意不要犯规。

第6章 篮板球的相关技巧

技巧
137

▶阻止防守

等级 ★★☆☆☆　⏱时间 2分钟

point 靠近防守球员的手挡在其胸前，保持半臂距离

point 重心前倾

point 上半身前倾

point 屈膝，降低重心

当篮球投出，进攻球员迅速锁定自己要阻止的防守球员，跑至其前面，提前卡位，用身体阻止对手靠近篮筐。

进攻球员紧贴对手的同时，转向篮球方向，臀部卡在对手的大腿部位，双手轻扶对手髋部，感知对手的移动，利用全身力量阻止对手靠近篮下。

💡 **小提示**

防守方抢篮板球后反击，非常容易得分，所以进攻方要全面阻止防守方抢下篮板球，要在防守方前抢到篮球。

腿部动作

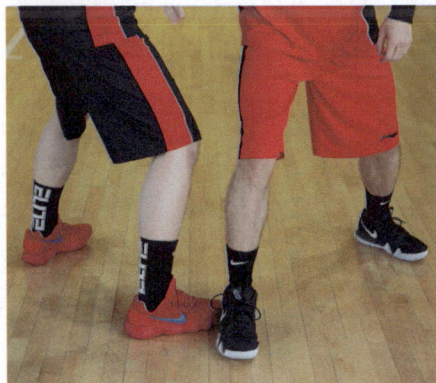

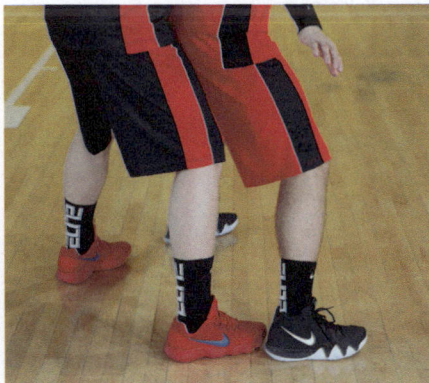

技巧
138

▶ **阻止投篮**

等级 ★★☆☆☆　　　⏱时间 2分钟

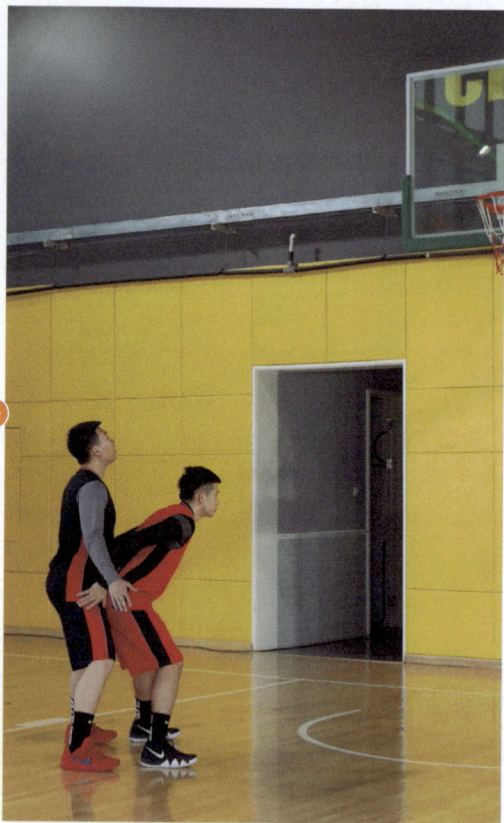

防守球员集中注意力，紧跟进攻球员，阻止其投篮。若与对手距离较远，应提前判断对手准备投篮的位置，大跨步靠前，进行防守。

当进攻球员投出篮球，立即转身挡在其前方，用全身力量阻止对手再次触碰篮球，并做好准备上前抢篮板球。

🔑 **技术要领**

时刻具备抢篮板球意识

当进攻球员投篮时，防守球员专注于阻止对手投篮成功。当投篮结束后，防守球员要记住继续对进攻球员进行防守，阻止其再度靠近篮筐，减少对手投篮成功的威胁。

💡 **小提示**

实战中，投篮成功率并非100%，进攻方往往会让投篮命中率高的球员尽可能多投球。所以在篮下防守球员应再次防守进攻球员，阻止其二次投篮。

篮板球的相关技巧

▶ 连续投篮

等级 ★★☆☆☆　　④时间 2分钟

篮下重复跳起，单手投篮。

进攻球员根据实际情况，采用合适的动作进行投篮。投篮后，若球未进篮筐，观察球的运动路线，预判球的落点，并立即朝球移动。

进攻球员在篮下接住球，双腿蹬地发力，单手持球，选择合适的投篮姿势，再次将球投进篮筐。

🔑 技术要领

连续起跳，练习投篮

单人练习时，一旦双脚落地，就立即跳起，单手持球，继续将球投进篮筐。可将此练习安排在热身环节。注意动作的连续性与节奏性。

💡 小提示

也可安排多人练习，球员排队接连跑向篮下，起跳投篮。强手和弱手都需要练习。

1v1制胜
相关技巧

第7章

1v1是一种在篮球比赛中常见的攻守状态，即一名进攻球员与一名防守球员进行对峙。在接球之前，1v1的局势就已开启，进攻球员无论在接球还是持球进攻突破时，都要想尽办法甩开防守球员，投篮得分。而防守球员则需要紧随对手进行防守，干扰对方接球，阻拦其传球或投篮，尽量减少对方得分的机会。本章将详细介绍1v1的常见情形及攻守的相关技巧。

第7章　1v1制胜相关技巧

▶ 试探步

等级 ★★★☆☆　　⏱ 时间　2分钟

扫一扫，看视频

进攻球员双脚开立，屈膝，降低重心，双手持球于身前，防守球员于其面前呈防守基本姿势。

point
重心右倾

point
试探步

进攻球员右脚跨出一步，双手持球朝右，假装运球或传球，身体随之右倾，防守球员左移阻拦。

进攻球员接着迅速撤回右脚，双手拉回球于身前左侧。

🔑 技术要领

预判球的路线

执行假动作时，注意步法、身体、篮球移动方向的统一，使对手误以为真，转移防守重心。注意不要露出破绽，以免被识破，为自己争取更多的进攻机会。

💡 小提示

此练习是假装朝一侧迈步并移动球，再回撤脚步，准备下一步进攻。

技巧
141

▶ **突破防守运球**

等级 ★★★★☆　　⏱时间 2分钟

扫一扫,看视频

可于身前左右移动篮球,试探防守球员。

进攻球员站在三分线上,双脚前后站立,屈膝,降低重心,双手持球于身前一侧,防守球员于其面前呈防守基本姿势。

进攻球员开始左手运球,右手挡在防守球员身前,阻止其靠前抢球。

加快速度,左手快速运球前进,右手将对手挡在右侧。

摆脱防守,将防守球员挡在身后,跑向篮下。

1v1制胜相关技巧

技巧
142

▶ **阻拦对手运球**

等级 ★★★★☆　　时间 2分钟

扫一扫，看视频

进攻球员持球，准备右手运球前进，左手于身体一侧护球。防守球员于其左侧呈防守基本姿势。

进攻球员运球前进，防守球员采用滑步贴身防守。

进攻球员持续运球，防守球员紧随阻拦，双手上下摆动，阻止其传球或突破。

🔑 **技术要领**

集中注意力

对手运球时，防守球员应盯紧其每一个动作，可根据对手的速度，及时切换成交叉步，紧跟其脚步，双手上下摆动，干扰其视线，防止对手运球突破，进行传球或投篮。

技巧
143

▶ 曲线防守

等级 ★★★☆☆　　⏱时间 5分钟

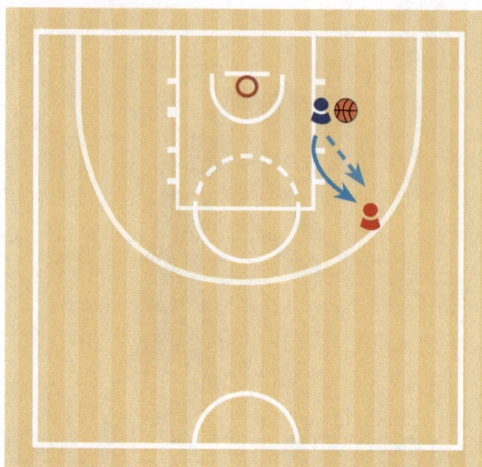

两名球员搭档练习，进攻球员站在翼侧（三分线45度区域），防守球员持球站在限制区同侧边线。防守球员将球传给进攻球员，同时立刻跑向球的方向，进行防守。进攻球员接到球，立即展开进攻，两人进行1v1攻防。

💡 **小提示**

此练习中，防守球员的运动路线为曲线。实战中，当防守路线上有其他球员进行阻挡，或在特殊位置需跑至进攻球员前，防止对手进入内线时，防守球员可进行曲线防守，接近目标。

技巧
144

▶ 接球进攻

等级 ★★★☆☆　　⏱时间 5分钟

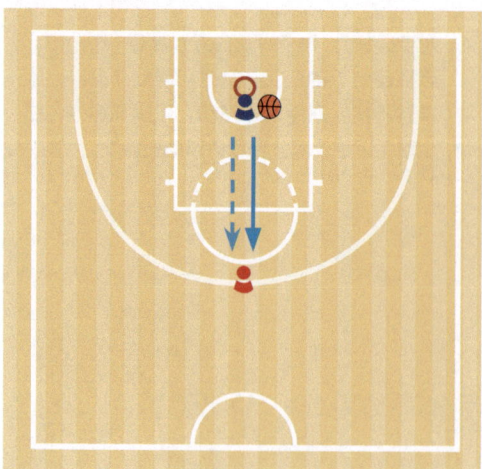

两名球员搭档练习，面对面站立，进攻球员站在顶部（三分线上正对篮筐的区域），防守球员持球站在篮下。防守球员将球传给进攻球员，同时立刻朝球的方向跑去，进行防守。进攻球员接到球，观察现场情况，立即展开进攻，两人进行1v1攻防。

💡 **小提示**

此练习可训练球员在相对有利的情况下开展进攻。当防守球员距离目标较远时，要根据球的位置，快速上前防守，阻止对方投篮或传球进攻。

技巧
145

1v1制胜相关技巧

▶ **肘区进攻**

等级 ★★★★☆   ⏱ 时间 5分钟

球不宜抛太远，确保进攻球员在罚球线附近接到球。

两名球员搭档练习，两名球员各站在限制区的两条边线上。防守球员持球，将球后旋抛出，传向同侧罚球线，两名球员同时移动：防守球员跑向限制区对侧边线，再跑向球的方向进行防守；进攻球员跑向对侧肘区（限制区在罚球线上的两个顶点区域）接球，展开进攻，两人进行1v1攻防。

🔑 **技术要领**

提高得分率

此练习是比较典型的肘区进攻打法，此时进攻球员优势比较明显。平时应加强练习，提高赛场上肘区进攻的得分率。

技巧
146

1v1制胜相关技巧

▶ **传球1v1进攻**

等级 ★★★☆☆   ⏱ 时间 5分钟

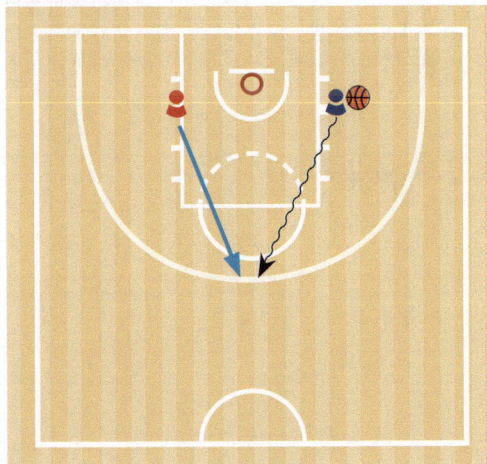

两名球员搭档练习，两名球员各站在限制区的两条边线上，防守球员持球。防守球员运球至顶部，进攻球员同时跑向顶部，防守球员将球传给进攻球员，两人进行1v1攻防。

🔑 **技术要领**

巧用进攻步法

此训练中，攻守双方势均力敌，需进攻球员灵活使用各种进攻动作进行突破，摆脱防守，比如使用"试探步""突破步"等。

1v1制胜相关技巧

技巧
147

▶底角1v1

等级 ★★★☆☆　　　⏱时间 5分钟

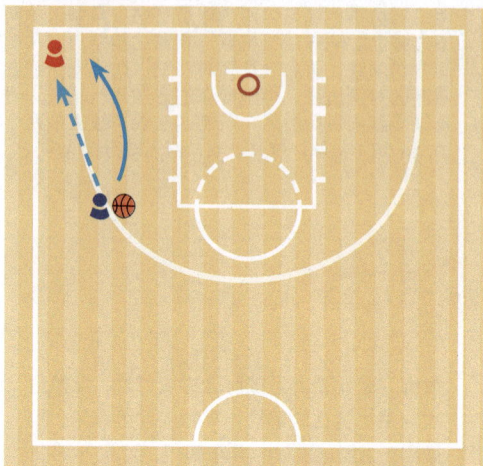

两名球员搭档练习，进攻球员站在底角（三分线同底线相交点附近的区域，与篮板无角度），防守球员持球站在翼侧。防守球员将球传给进攻球员，同时立刻朝球的方向跑去，进行防守。进攻球员接到球，立即展开进攻，两人进行1v1攻防。

💡 **小提示**

球传出后，防守球员立即沿左图所示曲线跑向进攻球员，展开防守，及时防止进攻球员朝篮下运球或传球等。此打法非常适合擅长投三分球的进攻球员。

1v1制胜相关技巧

技巧
148

▶中线1v1

等级 ★★★☆☆　　　⏱时间 5分钟

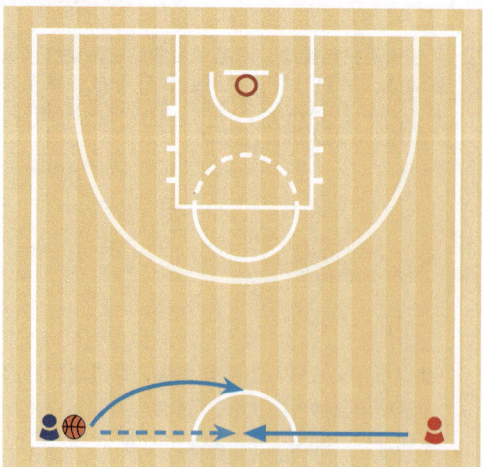

两名球员搭档练习，于中线两端面对面站立，防守球员持球。防守球员将球沿中线传出，进攻球员立即朝球跑去，双手接球；同时防守球员跑向中圈进行防守，进攻球员接球后展开进攻，两人进行1v1攻防。

💡 **小提示**

和"底角1v1"类似，防守球员都以曲线防守的方式进行防守，提前跑至进攻球员的前进路线上，阻止对手进入内线开展进攻。

技巧
149

1v1制胜相关技巧

▶ **翼区1v1**

等级 ★★★★☆　　🕐时间 5分钟

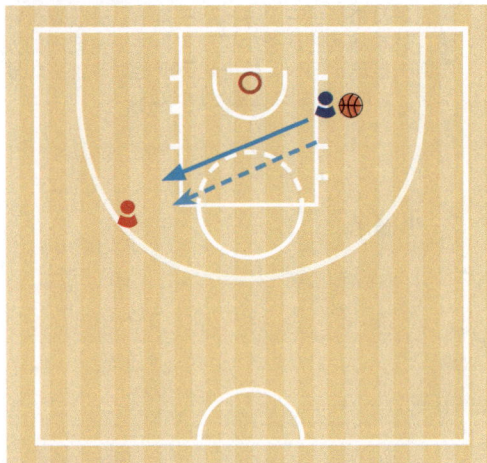

两名球员搭档练习，进攻球员站在翼侧，防守球员持球站在对角的限制区边线上。防守球员将球传向进攻球员，同时立刻朝球的方向跑去，阻止对手投篮。进攻球员接到球，立即展开进攻，两人进行1v1攻防。

💡 **小提示**

此训练中，进攻球员优势明显，接球后可立即进行投篮。实战中，防守球员与队友进行协防后，再返回防守自己所面对的进攻球员时，常应用本战术。

技巧
150

1v1制胜相关技巧

▶ **1v1快速进攻**

等级 ★★★★☆　　🕐时间 5分钟

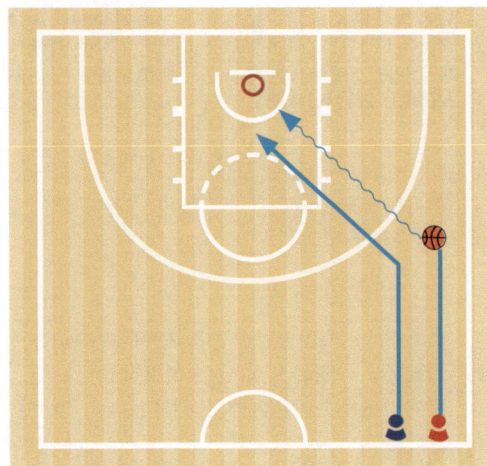

两名球员搭档练习，同时从中线位置跑向底线，进攻球员于中途接到队友的传球，跑向内线，准备上篮，防守球员全程紧跟进攻球员，进行防守、阻拦。

💡 **小提示**

当身旁有防守球员时，进攻球员可加大步伐，快速前进，抢先进入内线；而防守球员，面对对手的突然加速，可由滑步切换成交叉步，跟上对手的速度，并进行拦截，可施压将对手逼至边线区域运球，尽量使对手远离篮筐。

1v1制胜相关技巧

技巧 **151**

▶ **高区1v1**

等级 ★★★☆☆　　⏱时间 5分钟

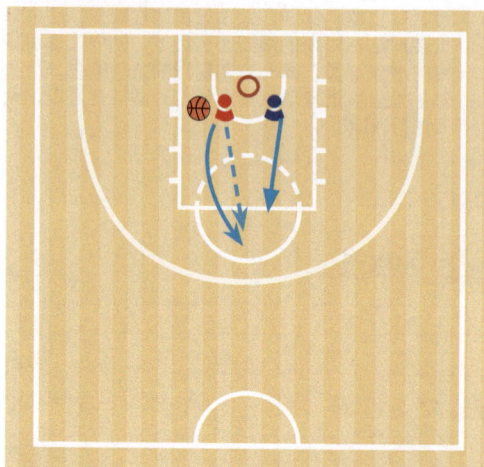

两名球员搭档练习，并排站于篮下，进攻球员持球。进攻球员将球传向罚球区，并立刻朝球的方向跑去接球；同时，防守球员朝罚球区跑去，展开防守，两人在罚球区进行1v1攻防。

💡 **小提示**

进攻球员跳起接球时，也需同时观察对手动态，以决定下一步进攻动作。此训练中，进攻方优势不太明显，考验球员的运球能力及突破技巧。

1v1制胜相关技巧

技巧 **152**

▶ **低区1v1**

等级 ★★★☆☆　　⏱时间 5分钟

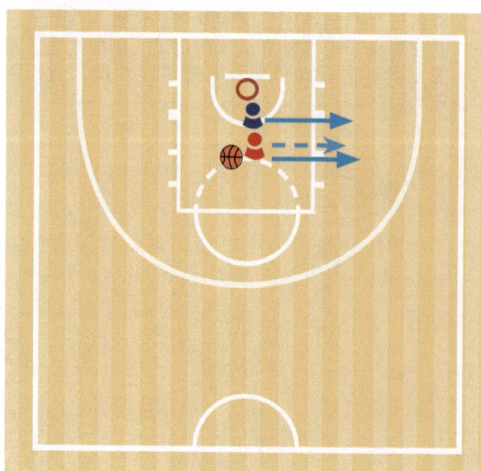

两名球员搭档练习，站在篮下，面对边线，进攻球员持球。进攻球员将球传向低区，并立刻朝球的方向跑去接球；同时，防守球员紧跟防守，两人在低区进行1v1攻防。

🔑 **技术要领**

做出快速反应

"高区1v1"主要提升球员在高区突破防守的能力，"低区1v1"则主要提升球员在低区的对抗能力。两名球员可交换角色，重复练习。

1v1制胜相关技巧

技巧
153

▶V形1v1

等级 ★★★★☆　　⏱时间 5分钟

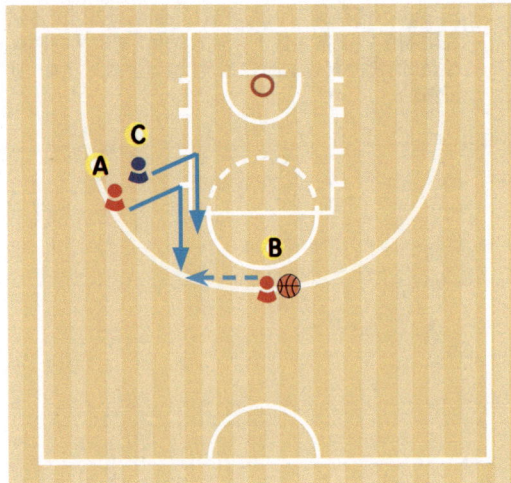

三名球员搭档练习。进攻球员A站在翼侧，防守球员C在其前面阻拦，进攻球员B持球站在顶部。进攻球员A抵住防守球员C，将其推向限制区，抓住时机，转身朝三分线跑去。进攻球员B将球传给进攻球员A。

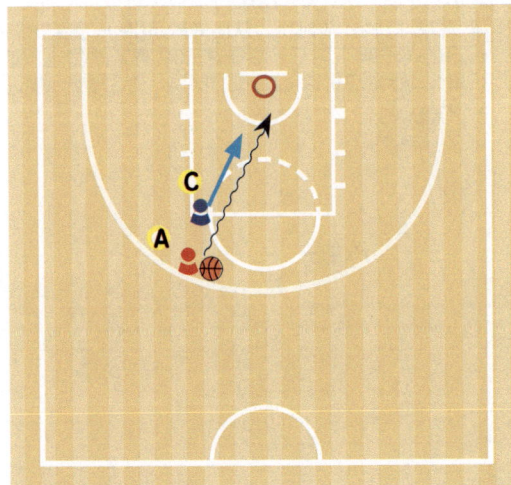

进攻球员A接球，运球朝篮下跑去，展开下一步进攻。防守球员C调整方向，紧跟防守。

💡 **小提示**

实战中，在翼侧常会出现1v1攻防对峙。球员加强练习此技术中接球前的攻防对峙，可提高1v1攻防能力。

🔑 **技术要领**

分散防守注意力，快速转向

进攻球员先假装朝内线进攻，转移防守球员注意力，使防守球员远离篮球，再突然跑向三分线接球，拉近与球的距离，更能成功接球，同时使防守球员来不及反应。此时进攻球员的运动路线成 V 形。

技巧
154

▶ **掩护**

等级 ★★★☆☆　　⏱时间 5分钟

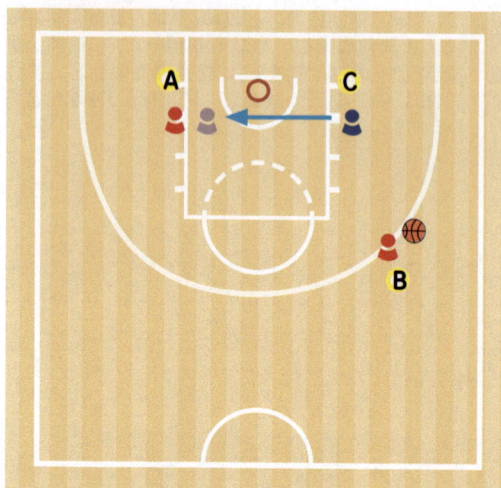

三名球员搭档练习，进攻球员A和防守球员C各站在限制区的两条边线上，进攻球员B持球站在防守球员C同侧的翼侧。防守球员C跑向进攻球员A，进行掩护。

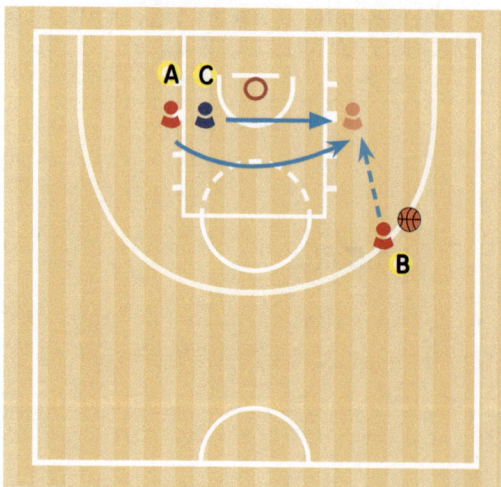

进攻球员A找准时机，从防守球员C的一侧跑出，跑向对侧低区附近，防守球员C转身紧跟防守；此时进攻球员B将球传给进攻球员A，进攻球员 A接过篮球，进行下一步进攻。

💡 **小提示**

掩护，是指进攻球员用自己身体为队友挡住队友的防守者行动路线，让队友获得更多进攻机会的配合。

🔑 **技术要领**

球员配合默契

此训练又名"交叉掩护"，是球队在低区常用的一种技术。此打法有助于球队在低区进行内部传球，在1v1对抗中争取有利条件，推动进攻。重复训练，注意观察队友，保持沟通，加强与队友的契合度。

1v1制胜相关技巧

▶ 紧盯

等级 ★★★★☆　时间 5分钟

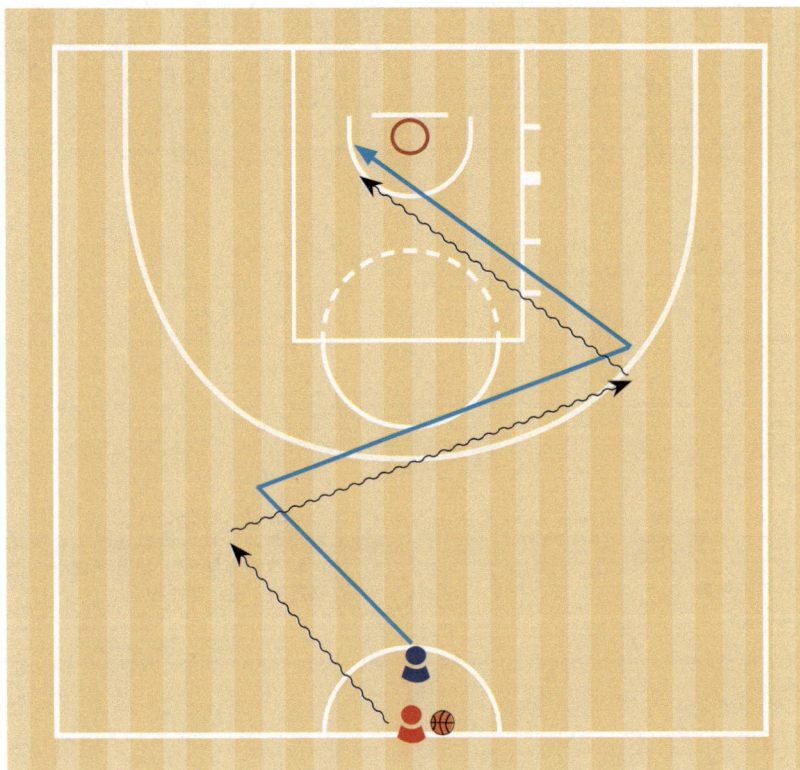

进攻球员持球站在中线中圈圆点处，准备运球前进，防守球员在其面前进行防守。进攻球员以变速运球的方式前进，躲避防守，以上图所示路线曲折跑向篮下，开展进攻。整个过程持续20~30 秒，球员互换角色，重复训练。

🔑 技术要领

分散防守注意力，快速转向

行进过程中，进攻球员应适时调整速度与方向，在改变方向时，注意切换运球手，用远离防守球员的手运球，防止被抢断。防守球员全程紧跟，阻止进攻球员靠近篮筐，注意保持距离，以一臂长距离为宜，以免发生碰撞，造成犯规。

1v1制胜相关技巧

▶沿边线防守

等级 ★★★☆☆　　　⏱时间 5分钟

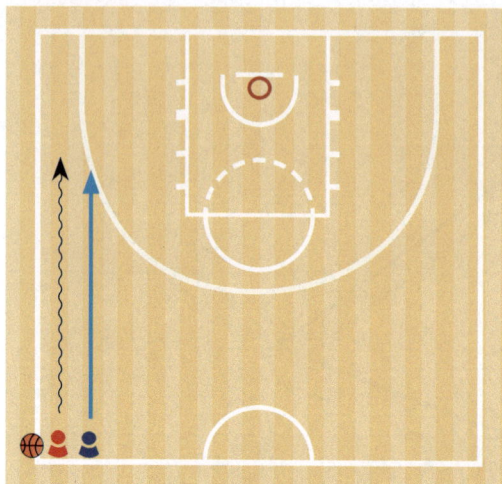

两名球员搭档练习，位于中线和边线的交界点附近，进攻球员持球。进攻球员沿着边线开始运球，朝底线方向行进，防守球员紧随防守，阻止进攻球员进入内线。

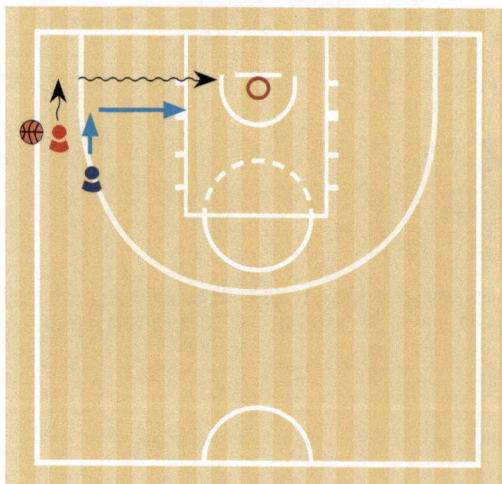

至底角时，进攻球员抓住时机，灵活使用进攻步法，转身突破防守，朝篮下进攻。防守球员立即改变方向，阻止对手投篮。

💡 **小提示**

进攻球员沿边线运球时，注意适时调整运球的速度和方向。防守球员集中注意力，防止进攻球员靠近篮筐。

🔑 **技术要领**

逐渐加速，抓准时机靠近篮筐

此训练是防守球员常用的基本战术，其主要目的就是严防死守，阻止进攻球员靠近篮筐。训练初期，进攻球员可以放慢速度，待熟练掌握后，可加快运球速度，也可逐步尝试在行进途中，改变行进方向，以更快地接近篮筐。

技巧
157

1v1制胜相关技巧

▶ **防守快速运球**

等级 ★★★☆☆　⏱时间 5分钟

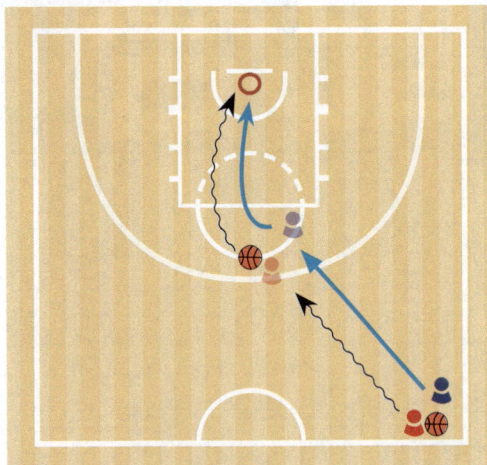

两名球员搭档练习，进攻球员持球站在中线一端，防守球员在其面前进行防守。进攻球员朝罚球区运球前进，防守球员使用交叉步紧跟，追到对手后，使用滑步进行阻拦，背对篮筐，阻止其投篮。

🔑 **技术要领**

灵活切换防守步法

防守球员需根据对手调整防守战术。当进攻球员突破防守时，防守球员可采用交叉步，进行长距离的追逐与防守；当追上对手后，可使用滑步进行阻拦。

技巧
158

1v1制胜相关技巧

▶ **滑步1v1**

等级 ★★★☆☆　⏱时间 5分钟

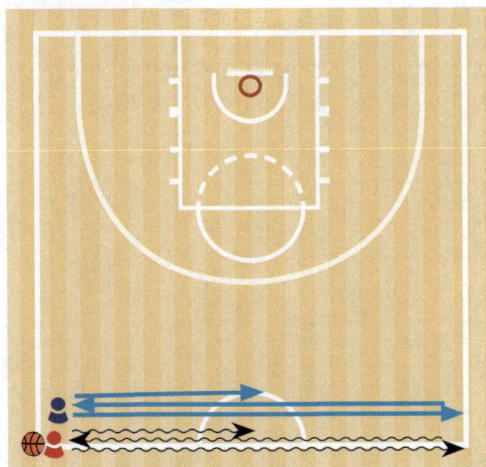

两名球员搭档练习，进攻球员持球站在中线一端，防守球员在内侧进行防守。进攻球员沿中线运球，防守球员采用滑步紧随防守。沿中线往返一次后，进攻球员再次沿中线运球至中圈，两名球员在中圈进行攻防练习。

💡 **小提示**

本练习有助于帮助强化球员的防守姿势，并提升体能素质，从而更好地进行防守。

基础配合

第8章

篮球是一项需要团队配合的运动，仅依靠个人进攻或1v1攻防，并不能制造投篮的机会，只有球员间的互相配合，才能创造更多的突破机会，助力球队赢球。在平时的训练中，球员不仅要熟练掌握配合战术，还要培养团队的默契，学会观察队友动态，并及时做出回应。

基础配合

技巧
159

▶V形空切

等级 ★★★★☆　　⏱时间 2分钟

扫一扫，看视频

进攻球员A双脚前后站立，在三分线上，强势向内线前进，假装向里切入。防守球员B在其身前防守。

point
示意传球

进攻球员继续压迫防守球员后退至限制区附近，抓住时机朝前跨一大步。防守球员进而后退，进攻球员立即变向，伸手跑向队友，示意传球。

point
进攻球员移动路线呈 V 形

持球球员准备传球，进攻球员摆脱防守，双手接球，展开下一步进攻。

定义　空切是指进攻球员在无球状态下跑至空位或篮下，得到投篮机会或与队友进行进攻配合。

🔑 **技术要领**

动作快速果断

此练习因进攻球员的跑动路线呈 V 形而得名。进攻球员进行动作切换时，要快速果断，使防守球员来不及思考，进攻球员抢先跑至新方向，准备接球。

▶L形空切

技巧 **160**

等级 ★★★★☆　　⏱时间 2分钟

扫一扫，看视频

进攻球员A站在限制区边线外，准备沿边线前进，防守球员B在其面前防守。

point 朝外侧迈步

进攻球员假装从防守球员身前通过，前进至肘区，观察队友动态，外侧脚突然朝外跨步，跑步远离防守球员。

point 进攻球员移动路线呈L形

进攻球员边跑动边示意队友传球，然后双手接球，准备开展下一步进攻。

定义　　该动作进攻球员的跑动路线呈L形，故得名。

🔑 **技术要领**

动作快速果断

当防守球员防守严密，无法摆脱时，进攻球员使用L形空切战术，先吸引防守球员直线前进，再突然跑开，拉开防守距离。

第8章　基础配合

技巧
161

▶ **后切**

等级 ★★★★☆　　⏱ 时间　2分钟

扫一扫，看视频

point
外侧脚向外跨步

进攻球员A前进至高位，外侧脚向外跨一步，假装朝外侧突破。防守球员B在其面前紧跟防守。

point
朝内侧迈一大步

进攻球员突然向内侧跨步，身体重心随之转移，伸出手臂，示意队友传球。

队友准备传球，进攻球员摆脱防守，双手接球，开展下一步进攻。

定义　此练习又名为"背后切入"或"后门切入"。当防守球员的四肢挡在传球球员的传球线路上时，接球球员可采取此进攻战术。

⚠ **容易出现的错误**

进行后切后，球员进攻空间受限，没有制造空位的余地。

√ **纠正的方法**

进攻前期，尽量前进至高位远处，使防守球员处于罚球线之外的区域，当进攻球员从防守球员后侧突破时，有足够的空间接球展开进攻。

技巧 162

▶ 前切

等级 ★★★★☆　　🕐时间　2分钟

扫一扫，看视频

进攻球员A吸引防守球员B靠近，右脚外跨一步，身体重心随之右移，防守球员朝左侧防守。

point
跨至防守球员身前

进攻球员以左脚为轴，迅速收回右脚，并越过防守球员，朝前跨出一大步，将防守球员挡在身后，伸展右手，示意队友传球。

point
大跨步快速前进

进攻球员突破防守，接球后准备进行下一个进攻动作。

🔑 **技术要领**

动作快速果断

此练习是球员先朝无球方向迈步，进行一个进攻动作，转移防守球员注意力，紧接着从对手身前越过，跑向篮下并接球。

💡 **小提示**

前切时，动作变化较大，跨步的一侧腿屈膝，降低身体重心，保持身体稳定，动作切换要快速。

技巧
163

基础配合

▶ **游泳摆脱**

等级 ★★★★☆　　⏱ 时间　2分钟

扫一扫，看视频

进攻球员A在内线，左手单臂举起，朝持球队友方向示意。防守球员B将其卡在身后。

进攻球员外侧脚以交叉步，朝前方跨一大步，使身体侧身越过对手背部，朝向持球队友，此时左手朝前摆后下压，将对手拦在身后。

进攻球员后脚跟上，以前后脚跑动姿势越过防守，双手前伸，示意队友传球。进攻球员双手接球，进行下一步投篮或进攻动作。

定义　该动作中球员摆脱防守时手部向后划的动作类似游泳展臂，故得名"游泳摆脱"。

⚠ **容易出现的错误**

推搡对手身体，造成犯规。

✓ **纠正的方法**

进攻球员侧身越过对手时，跨步屈膝，注意保持身体稳定，降低重心，不摇晃，勿将重心靠在对手身上，手可轻扶对手后背，甩臂时不能用力，以免碰撞对手导致犯规。

两球V形空切练习

等级 ★★★★★　　⏱时间 2分钟

扫一扫，看视频

两名球员搭档练习。接球球员站在限制区外，另一名球员站在罚球区弧顶，手持两球，双手同时进行运球。

point
执行V形空切

接球球员跑至篮下无撞人半圆区，迅速变向，朝翼侧方向跑去，并伸手示意队友传球。运球球员一边运球，一边观察队友。

抓住时机，运球球员右手传球给接球球员，左手持续运球。接球球员双手接球，双脚起跳，朝篮筐投篮。

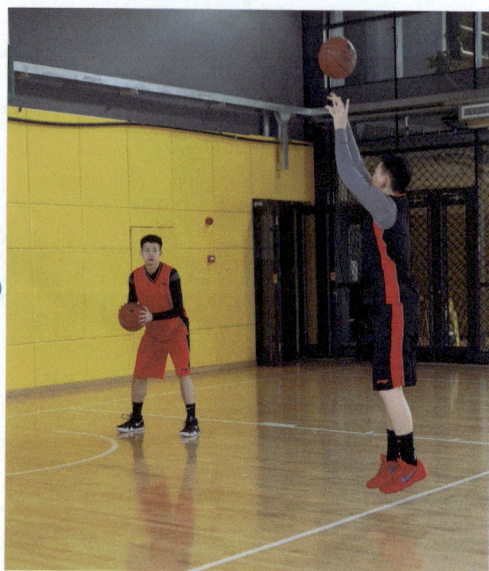

待接球球员投篮结束后，运球球员运球至罚球线，两臂伸直，举球过头顶，原地跳起投篮。

第8章 基础配合

技巧 165

▶两球L形空切练习

等级 ★★★★★　　⏱时间 2分钟

扫一扫，看视频

两名球员搭档练习。接球球员站在限制区边线上，另一球员站在顶部，手持两球，双手同时进行运球。

point
执行L形空切

接球球员屈膝前进，沿限制区边线到达肘区，再左转，沿罚球线延长线前进一段距离，转身示意队友传球。运球球员一边运球，一边观察队友。

抓住时机，运球球员右手传球给接球球员，左手持续运球。接球球员双手接球，双脚起跳，朝篮筐投篮。

待接球球员投篮结束后，运球球员运球至罚球线，两臂伸直，举球过头顶，原地跳起投篮。

基础配合

▶ **两球后切练习**

等级 ★★★★★　　⏱时间　2分钟

两名球员搭档练习。接球球员站在限制区边线上，另一球员站在罚球区弧顶，手持两球，双手同时进行运球。

接球球员外侧脚向外跨一大步，朝限制区外侧跑去，运球球员一边运球，一边观察对方动态。

point
执行后切

接球球员跑至限制区与三分线中间位置，突然折回，跑回限制区边线，示意队友传球。

抓住时机，运球球员右手传球给队友，左手持续运球。

接球球员双手接球，跑至篮下，单脚起跳，朝篮筐投篮。

待接球球员投篮结束后，运球球员运球至罚球线，两臂伸直，举球过头顶，原地跳起投篮。

基础配合

▶ **两球游泳摆脱练习**

等级 ★★★★★　　⏱时间　2分钟

扫一扫，看视频

两名球员搭档练习。接球球员站在限制区边线上，另一球员站在对角翼侧，手持两球，双手同时进行运球。

接球球员朝前迈出左脚，举起左臂，做游泳摆脱动作。

接球球员一边跑动，左手划向身后，右手朝前举过头顶，跑向篮下。

接球球员示意队友传球，跑至限制区另一侧边线。抓住时机，运球球员右手传球给接球球员，左手持续运球。

接球球员双手接球，双脚起跳，朝篮筐投篮。

待接球球员投篮结束后，运球球员运球至肘区，两臂伸直，举球过头顶，原地跳起投篮。

掩护基本姿势

等级 ★☆☆☆☆　　　⏱时间　2分钟

正面状态

point
下颌微扬，目视前方

point
屈肘

侧面状态

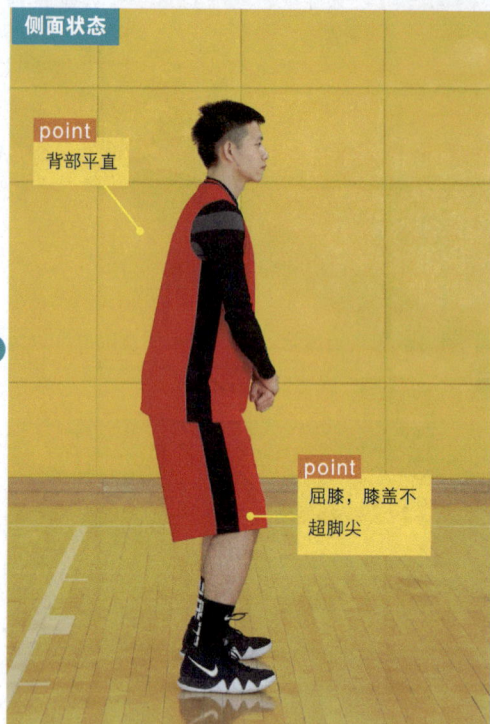

point
背部平直

point
屈膝，膝盖不
超脚尖

球员双脚分开站立，间距略宽于肩，两臂微屈，一只手握住另一只手的腕关节，被握住的手握拳，置于腹前。

目的　掩护主要是进攻球员挡在队友身前，利用身体干扰防守球员视线，打乱其防守节奏，为队友争取进攻的时间、空间及机会等。

🔑 技术要领

降低重心

练习时，球员注意屈膝，降低身体重心，使身体保持稳定。掌握掩护的基本姿势，利用身体干扰防守球员视线，有利于球员在实战中助力队友进攻。

⚠ 容易出现的错误

双手朝前推搡，造成犯规。

✓ 纠正的方法

掩护者不要伸手推搡面前的对手。

基础配合

▶两球掩护练习：绕圈

等级 ★★★★★　⏱时间 5分钟

两名球员搭档练习。球员A站在限制区内准备接球，球员B站在三分线上，准备进行掩护。

球员B跑到球员A面前呈掩护基本姿势，球员A跨出左脚，准备从球员B右侧绕出，跑至肘区接场外传球。

球员B跑至底角，接场外传过来的球。球员A接球后直接投篮。

球员B接球后也直接投篮。

扫一扫，看视频

💡 **小提示**　　**掩护时双脚距离不宜太近，否则易使身体不稳。球员交换角色在场地两侧进行训练。**

技巧 170

▶两球掩护练习：后撤步

等级 ★★★★★　　⏱时间 5分钟

两名球员搭档练习。球员A站在限制区内准备接球，球员B站在三分线上，准备进行掩护。

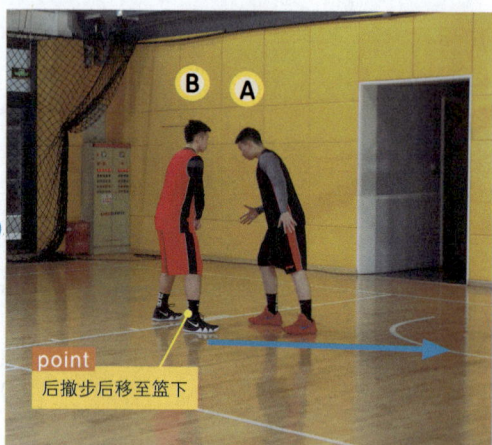

point
后撤步后移至篮下

待球员B跑到球员A面前做掩护基本姿势，球员A从球员B身前跑向肘区；同时球员B以后撤步向篮下移动，两人示意场外传球。

球员B接球后转身，在篮筐下投篮。球员A跑至底角，双手接球。

球员A双手持球，原地起跳，进行投篮。

💡 **小提示**

掩护时使用后撤步，便于与队友进行交流，同时可观察赛场现况，及时做出应对反应。

第8章

基 础 配 合

技巧
171

▶ **两球掩护练习：直切**

等级 ★★★★★　　⏱时间 5分钟

两名球员搭档练习。球员A站在限制区内准备接球，球员B站在三分线上，准备进行掩护。

球员B跑到球员A面前做掩护基本姿势。

球员A跨一大步，直接从球员B右侧跑出，跑至限制区外侧，示意场外传球。此时球员B在限制区内接球，跑至篮下进行投篮。

待球员B投篮结束，球员A双手持球，进行原地跳投。

扫一扫，看视频

💡 **小提示**

直切掩护，无须太多空间，方便球员快速移动，用更短的时间完成投篮或进攻。

▶两球背掩护练习

等级 ★★★★★　　　⏱时间　5分钟

扫一扫，看视频

两名球员搭档练习。球员A站在限制区内准备进行掩护，球员B站在翼侧，准备朝内线进攻。

球员A跑到球员B面前做掩护基本姿势，背对篮筐。球员B准备从球员A左侧跑过，通过肘区切入篮下，并示意场外传球。

球员B接球，运球至篮下，进行投篮。此时球员A转身，双手接住场外传球。

待球员B投篮结束，球员A转身面对篮筐，双手持球，进行原地跳投。

💡 小提示　此练习可用于近距离掩护队友，使防守球员无法插入进行阻拦。但注意保留一定空间，以免队友跑出时，两名球员产生碰撞。

基础配合

▶2人传切

等级 ★★★★★　　⏱**时间** 5分钟

扫一扫，看视频

两名球员搭档练习，面对面站立。球员A站在罚球区弧顶，右手运球，球员B站在限制区外，呈接球基本姿势。

球员A传球给球员B，球员B接球。球员A立即跑向篮下，并伸展右臂，示意球员B传球。

球员B进行胸前传球，球员A一边跑动，一边双手接球。

球员A运球至篮下，蹬地起跳，进行投篮。

💡 **小提示**　　2人传切是篮球运动中一项基本的配合战术，可为球队创造更多投篮机会。当持球球员遭遇严密防守时，可先传球至安全区域，再跑向内线，接过队友传来的球进行投篮。

技巧 174

▶ 无球掩护练习

等级 ★★★★☆　　时间 5分钟

两名球员搭档练习。球员A站在罚球区弧顶准备掩护，球员B站在限制区外准备接球。

球员A跑到球员B面前呈掩护基本姿势，向后转身，给队友腾出空间。

掩护者与被掩护者均有机会接球。

球员B立即从空位跑出，朝前跑去，示意传球，同时球员A侧身伸展左臂，朝篮下跑去，准备接球。

扫一扫，看视频

技巧
175

▶ **运球掩护练习**

等级 ★★★★★　　⏱时间 5分钟

两名球员搭档练习。球员A站在三分线上准备进行掩护，球员B站在限制区外，呈三威胁姿势持球。

球员A跑到球员B面前呈掩护基本姿势，向后转身，给队友腾出空间。球员B借助队友的掩护，运球朝罚球区移动。

球员A向内线行进，一边举手示意队友传球，一边跑至篮下。

扫一扫，看视频

技巧 **176**

▶ **2v1运球掩护练习**

等级 ★★★★★　　⏱ 时间　5分钟

球员A持球站在三分线外，球员C在其对面呈防守基本姿势，球员B站在限制区准备上前掩护。

球员B迎球跑向前，举手示意球员A可传球，并快速跑至球员C背后。

此时球员A快速运球至翼侧，击地传球给球员B。

球员B在内线双手接球，转身运球朝篮下跑去。

球员B在篮下双脚起跳，投篮。

💡 **小提示**

该练习是篮球运动的基础配合战术，需队友间配合默契。实战中，球员应时刻关注队友动态，并及时互相回应，正确领会队友意图。

扫一扫，看视频

体能训练

第9章

想要打好篮球，光磨炼精湛的篮球技术是不够的，还需具备优秀的体能。篮球比赛是一场持久战，考验球员的技术、速度、灵敏度、身体的爆发力及持久力等综合实力。本章将从爆发力强化、速度灵敏度强化、力量强化等角度，详解如何进行体能训练，助力球员练就强壮的体格。

体能训练

▶ **纵向跳箱**

等级 ★★★★★　　⊙时间 2分钟

扫一扫，看视频

自然站于跳箱前，双脚开立，间距略比肩宽，身体挺直，两臂自然贴于体侧，下颌微收，目视前方。

双脚跐起，同时伸展身体，两臂伸直过头顶，双手掌心对立，指尖朝上。

屈膝，半蹲降低身体重心，同时两臂由上至下朝后摆，伸直于身体两侧，准备起跳。

双脚蹬地发力，两臂上摆，伸展身体朝前朝上跳。

双腿屈膝，双脚稳稳落于跳箱上，身体呈半蹲姿，两臂伸直朝后摆。

起身，自然站立于跳箱上，两臂贴于体侧。

第9章

技巧 **178**

体能训练

▶ **交换脚前跳栏架+持药球**

等级 ★★☆☆☆　　⏱时间 2分钟

三个栏架纵向并列摆放。站于第一个栏架左侧，背部平直，双手持药球于胸前，屈膝，抬起右脚，左脚撑地，准备跨越栏架。

左脚蹬地发力，跃过第一个栏架，跳向右前方，于半空中伸展身体，举球过头顶。

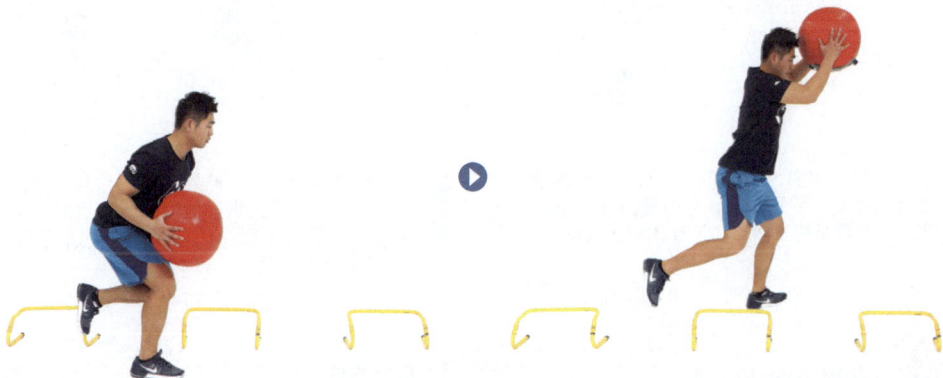

右脚落地于第二个栏架右后方，屈膝，左脚抬起，下放双手，持药球于胸前。

按照上述步骤，交替双脚跳过栏架，直至跨越第三个栏架。注意药球的举起和下放。

💡 **小提示**

训练过程中，注意保持动作的连贯性与节奏性，单脚落地时注意保持身体稳定。

扫一扫，看视频

▶原地跳+弹力带侧向对抗

等级 ★★☆☆☆　　⏱时间 1分钟

屈膝，呈半蹲姿，双脚开立，间距比肩略宽，放低身体重心，双手后摆，伸直于身体两侧。弹力带绕于腰部呈绷直状态，与身体呈45度角。

双脚蹬地发力起跳，伸展身体，屈肘上摆，辅助身体上跃，与弹力带形成对抗，最后原位落地。落地时注意屈膝缓冲，降低重心，双手同时后摆，恢复初始姿势。

⚠ **容易出现的错误**

跳起后，身体被弹力带拉动偏移; 落地时，重心不稳，摔倒或偏离原位。

✓ **纠正的方法**

因弹力带有拉力作用，跳起时，身体于半空中易被拉动。起跳和落地时，尽可能降低重心，保持身体稳定。跳起时，屈肘，双手不宜抬得过高，肩部下沉，前臂内收。

扫一扫，看视频

体能训练

技巧 180

▶ **栏架跳+侧滑步**

等级 ★★★☆☆　　时间 2分钟

扫一扫，看视频

屈膝，呈半蹲姿，双脚开立，间距比肩宽，放低身体重心，双手后摆，伸直于身体两侧，位于第一个栏架前。三个栏架左右错开纵向摆放。

双脚蹬地发力朝前跳起，同时伸展身体，双手朝前上摆。

跳过第一个栏架，双脚同时落地，屈膝，同时两臂由上卜朝后摆，伸直于身体内侧。

随后左脚横向外展一大步至第二个栏架前，身体左倾，左臂后摆，右臂屈肘于胸前，做滑冰姿势。

右脚滑步靠近，双脚平行，左臂屈肘于胸前，右臂后摆。保持屈膝，随后双手后摆，准备跳过第二个栏架。

重复上述栏架跳+侧滑步动作，直至跳过第三个栏架。

191

▶ 跨步+跳上跳箱

双脚开立，间距略比肩宽，身体挺直，两臂自然贴于体侧，下颌微收，目视前方，站于与跳箱呈45度角的延长线上。

屈膝，呈半蹲姿，放低身体重心，上半身前倾，两臂微屈，肘关节朝后。

起身，同时双脚蹬地发力，抬起右脚朝左前方迈一大步至跳箱前方，双手与双脚交叉前后摆动。

左脚顺势前迈，双脚平行落地，屈膝，呈半蹲姿，双脚开立，间距略比肩宽，放低身体重心，双手后摆，伸直于身体两侧，准备起跳。

双脚蹬地发力，朝前方上跳，充分伸展身体，双手伸直过头顶。

双脚落于跳箱上，注意屈膝缓冲，两臂后摆。最后起身，自然站立于跳箱上。

技巧
182

体 能 训 练

▶ **弓步姿势胸前推药球**

等级 ★★☆☆☆　　时间 2分钟

扫一扫，看视频

双脚一前一后站立，屈膝，降低重心，后脚踮起，前脚掌着地，上半身前倾，背部平直，五指分开，掌心对立，双手持药球于胸前。

起身，目视前方，两臂伸直，屈腕带动指尖发力，用最大的力量将药球从胸前直线推出。

🔑 **技术要领**

指尖朝向发力方向

将球推出时，指尖朝向发力方向，确保球的运动轨迹准确。前后脚间距尽量大一些，以便起身发力时，身体能充分伸展向前，调动全身的力量，顺势将球推出。

体 能 训 练

▶ **胸前垂直旋转推药球**

等级 ★★★☆☆　　　🕐时间 2分钟

扫一扫，看视频

屈膝，呈微蹲姿，双脚开立，间距大于肩宽，放低身体重心，上半身前倾，双手持药球于胸前，左手托球，右手扶于药球的后上部。

将球移动至身体右侧，上半身朝右侧倾，重心移向右侧，保持身体稳定，背部平直。

⚠️ **容易出现的错误**

重心不稳，推球出去时，身体晃动。

✅ **纠正的方法**

转身发力推球时，注意将重心转移至左腿，保持身体稳定。仅右手伸直发力，左手为辅助手不发力，如若双手同时发力，身体易朝前倾，导致重心不稳。

双腿伸直，起身站立，同时朝左旋转身体，右臂伸直发力，将药球从左侧推出，右脚尖旋转朝左。

▶ 跳深90度转体

体 能 训 练

等级 ★★★★☆　　时间 2分钟

扫一扫，看视频

双脚开立，身体挺直，自然站于跳箱边缘，两臂贴于体侧。

两臂伸展过头顶，掌心对立，左脚向前抬起悬空，收紧腹部。

从跳箱跳落地面，双脚同时着地，屈膝，双手后摆。

双脚蹬地发力，两臂上摆，伸展身体，于空中旋转身体90度。

屈膝缓冲，双脚同时着地，间距大于肩宽，两臂顺势回落，朝身后摆。

起身，侧对跳箱自然站立，两臂自然垂落于体侧。

体能训练

▶ 连续栏架跳

等级 ★★★☆☆　　⏱时间 2分钟

双脚开立，间距略比肩宽，身体挺直，两臂自然贴于体侧，下颌微收，自然站于纵向摆放的三个栏架前。抬起两臂，伸直于胸前。

随后双腿屈曲，降低重心，呈半蹲姿势，同时两臂由上至下朝后摆，伸直于身体两侧，准备起跳。

双脚蹬地发力上跳，同时伸展身体，双手朝前上摆至胸前，跳过第一个栏架。

屈膝缓冲，双脚同时落地，两臂伸直顺势后摆，不要停留，继续以上述步骤，连续跳完三个栏架。

💡 小提示　　**落地时，注意屈膝半蹲，手朝后摆，以此姿势作为落地的缓冲，同时为后续起跳做准备，有助于保持身体稳定。**

体能训练

▶ 栏架多方向单脚跳

等级 ★★★★★　　⏱时间 1分钟

扫一扫，看视频

三个栏架呈Z字形接连摆放。双脚开立，身体自然站立于第一个栏架前。抬起左脚，右脚蹬地发力前跳。

跳起的瞬间，双手朝前上摆至胸前，跳过第一个横向栏架，右脚单脚落地，两臂回落。

接着右脚发力，双手朝前上摆至胸前，朝右跳过第二个竖向栏架。

右脚单脚落地，屈膝降低重心，保持身体稳定，两臂回落。

最后，右脚蹬地发力，双手朝前上摆至胸前，跳过第三个横向栏架。

右脚单脚落地，屈膝降低重心，保持身体稳定，两臂回落，起身，恢复初始站姿。

体能训练

技巧 **187**

▶ **弹力带加速跑**

扫一扫,看视频

等级 ★★☆☆☆ ⏱时间 1分钟

弹力带呈绷直状态,套于腰部,抬起一侧腿前迈,后脚蹬地发力,双手前后摆,启动跑步姿,逐渐加速,保持加速跑。弹力带全程保持绷直状态。

💡 **小提示**

此练习主要训练球员的身体灵敏性。注意跑动时,弹力带与身体始终呈对抗状态,勿用力过猛,以免拉伤身体。

体能训练

技巧 **188**

▶ **弹力带侧滑步**

扫一扫,看视频

等级 ★★☆☆☆ ⏱时间 1分钟

屈膝,呈半蹲姿,双脚开立,间距大于肩宽,放低身体重心,双手展开,一高一低。弹力带从右侧套于腰部。

左脚外展一大步,身体重心左移,右脚伸直。

右脚顺势滑向左脚,但不并拢。继续滑步动作,左右侧反复练习。

第9章 | 体能训练

技巧 **189**

▶ **后退跑呈运动员防守姿势**

等级 ★★★☆☆ ⏱时间 2分钟

双腿屈曲，双脚一前一后站立，后脚脚跟抬起，双手屈曲前后摆，头部与背部呈直线，上半身前倾。

后脚脚尖发力蹬地，前脚抬起向后撤，做朝后跑动的姿势，双手随脚步动作交换前后摆动位置。

停止朝后跑动，双脚分开站立，间距大于肩宽，屈膝降低身体重心，双手打开外展，目视前方，呈防守基本姿势。

外展右脚，进行滑步运动。左右两个方向反复练习滑步。

扫一扫，看视频

💡 **小提示**

朝后跑动时，保持屈膝，身体前倾，不要后仰，以免摔倒。

体能训练

▶ **向后Z字移动**

等级 ★★★★☆　　🕐 时间　2分钟

按Z字形错落摆放四个标志物。站在第一个标志物旁，双脚间距大于肩宽，背部挺直，屈膝，两臂外展，一手屈肘高抬，一手伸直放低。

身体朝后旋转45度，右脚外展一大步，迈向第二个标志物，身体重心随之转移。

右脚持续迈步至第二个标志物，左脚保持滑步靠近。

到达第二个标志物后，以右脚为轴，左脚带动身体后转45度，左脚开始迈步，靠近第三个标志物。按照上述步骤，绕完四个标志物。

💡 **小提示**

朝后转身时，注意降低身体重心，以保持身体稳定。全程保持上半身挺直、腹部收紧、上半身前倾。

体能训练

技巧
191

▶ **栏架左右高抬腿+侧滑步**

等级 ★★★★☆　　⏱时间 2分钟

场地纵向摆放三个栏架。双脚开立侧对栏架，身体直立，两臂自然贴于体侧，下颌微收。

抬起左腿至大腿约与地面平行，右手屈肘摆向胸前，左手后摆，准备跨过第一个栏架。

左腿跨过第一个栏架落地，右脚顺势，跨过第一个栏架后左腿迅速抬起。自然摆臂。

重复上述高抬腿跨栏架动作，直至跨过第三个栏架，双脚落地，外屏双手，屈膝，左脚向左跨一大步，进行侧滑步。

💡 **小提示**

跨栏架时，抬腿幅度要大，屈膝约90度，注意跨越动作的连贯性与节奏性。侧滑步前，屈膝降低重心，保持身体平衡。

右脚跟进，滑向左脚，注意滑步过程中，双脚不靠拢。

扫一扫，看视频

技巧 **192**

▶ **脚踝跳跃+加速跑**

等级 ★★★★☆

⊕ 时间 2分钟

扫一扫，看视频

point
膝盖微屈

point
挺直背部，身体伸直

微屈膝，双脚开立，间距与肩等宽，放低身体重心，上半身微前倾，微屈肘，双手贴于身体两侧，五指分开，指尖朝下。

收紧臀腹，屈曲踝关节，双腿蹬地发力，原地跳起，同时两臂于半空中屈曲约90度，五指完全张开，指尖朝前。

point
大幅后摆至伸直

屈膝落地，双手回摆，注意缓冲。连续跳跃3次后大步跨出一只脚，身体重心前移，后脚伸直蹬地发力，双手与双脚交错前后摆，加速向前跑。

⚠ **容易出现的错误**

落地时重心不稳，启动跑步时，步速慢。

√ **纠正的方法**

跳跃落地时，注意屈膝，双手回落于体侧，身体重心降低，以保持身体平衡。当启动加速跑时，迈出的步幅尽可能大，后腿尽量伸直发力，双手尽量大幅前后摆动，集合全身力量朝前冲。

第9章 体能训练

技巧 193

▶ 俯卧撑

等级 ★★☆☆☆　　时间 30秒

扫一扫，看视频

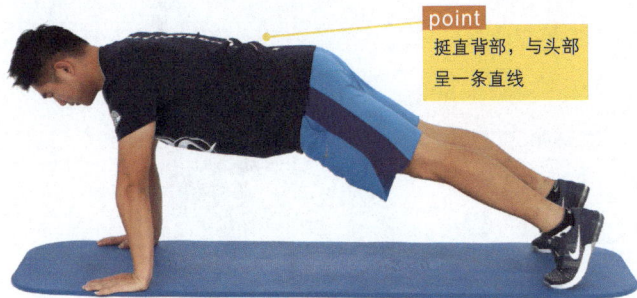

point
挺直背部，与头部呈一条直线

以四肢为支撑点，俯撑于垫面，头部呈中立位，目视垫面，收紧下颌，两臂与肩部垂直，手掌紧贴垫面，指尖朝前，头部与背部呈一条直线，双腿伸直，双脚尖撑于垫面，间距略宽于肩。

point
全身呈一条直线

呼气，收紧腹部、臀部，保持身体呈直线，保持核心收紧，屈曲两臂及肩关节，逐渐放低身体，肘关节微外展，至身体与地面平行；吸气，两臂伸直撑起身体，逐渐恢复俯撑姿。

🔑 技术要领

收紧核心肌群

俯卧撑是一项经典的健身动作，该动作能综合强化全身的肌群力量，注意不要塌腰或撅臀，全程收紧核心，感受肌群紧绷时的发力感。该动作还可演变成多种训练形式，注意循序渐进。

其他角度

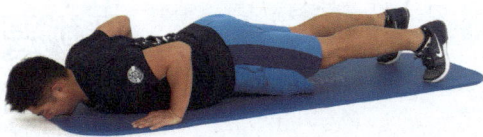

技巧 **194**

▶ **哑铃跪姿肩上交替推举**

等级 ★★☆☆☆　　⏱时间 1分钟

▌左腿屈膝跪于垫上，左脚脚尖着地，右腿在前，屈膝90度，右脚全脚掌着地，头部呈中立位，挺直躯干，屈肘，双手各持一哑铃于肩前。

▌身体姿势保持不变，左侧肩关节打开，左臂伸直发力，朝上举哑铃过头顶，掌心朝前，右手保持不变。

▌收回左手，恢复初始姿势。上半身始终保持不动，收紧腹部，双腿牢牢支撑身体不晃动。注意收回手臂时，掌心正对身体。

▌右侧肩关节打开，右臂伸直发力，朝上举哑铃过头顶，掌心朝前，左手保持不变。

扫一扫，看视频

第9章 体能训练

技巧 195

▶ **哑铃俯身交替划船**

等级 ★★★☆☆　　　时间 1分钟

扫一扫，看视频

双脚开立，间距与肩等宽，背部平直，掌心对立，双手各持一哑铃于体侧。

双腿屈曲，降低重心，俯身前倾，双手持哑铃降低至双膝处。

收紧腹部，保持躯干不动，左手屈肘上抬约90度，持哑铃至髋部。

左手回落至原位，同时右手屈肘上抬约90度，持哑铃至髋部。

右手回落至原位，背部始终平直，与头部呈一条直线。

最后伸直双腿，起身恢复初始站姿。

技巧 **196**

▶ **哑铃半蹲推举**

等级 ★★★☆☆ ⏱时间 1分钟

扫一扫，看视频

point 掌心朝前

point 掌心朝后

双脚开立，间距大于肩宽，身体挺直，两臂屈曲于胸前，掌心对双肩，双手各持一哑铃。

屈膝，降低身体重心，大腿与地面约平行，呈半蹲姿，上半身保持不动。

起身，伸展全身，收紧核心，双手反转，推举哑铃过头顶，掌心朝前。

屈膝，放低身体至半蹲姿，两臂反转收回，屈肘至哑铃与肩齐平。

最后起身，恢复初始姿势。

💡 **小提示**

此练习主要强化球员四肢力量。球员练习半蹲姿，增强腿部力量，练习双手推举哑铃，增强手部力量。半蹲时，注意膝盖不要超伸，双手伸展推举哑铃时，速度不要太快，缓慢发力，保持稳定，垂直上举，避免受伤。

第 9 章 体能训练

技巧 **197**

▶ **双手壶铃甩摆**

等级 ★★★★☆　　🕐 时间　1分钟

扫一扫,看视频

双脚开立,间距大于肩宽,双脚外展约45度,身体挺直,身前置一壶铃。

point
降低重心

屈膝,降低重心,俯身前倾,两臂下垂,双手握壶铃手柄。

point
背部平直,不塌腰

双手发力,提起壶铃从胯下穿过,朝后甩。

point
两臂与地面平行

双手发力将壶铃朝前回拉,同时起身,伸直双腿,抬起两臂至壶铃摆至胸前,两臂伸直。

point
屈膝,双脚稳固支撑

再次屈膝,呈半蹲姿,同时双手发力将壶铃从胯下后甩。

💡 **小提示**

此练习主要强化球员四肢力量。球员练习半蹲姿,增强腿部力量,练习双手甩摆壶铃,增强手部力量。注意体会改变壶铃运动轨迹时,手部控制壶铃力度的大小变化。

▶ 高脚杯深蹲

等级 ★★★☆☆　　⏱时间　30秒

扫一扫，看视频

point 高脚杯形状

point 双脚间距大于肩宽

双脚开立，间距大于肩宽，两臂屈曲于胸前，掌心对立，呈高脚杯状握哑铃的一端。

屈膝，降低重心，下蹲上半身保持不动。

起身，伸直双腿，恢复初始姿势。

其他角度

point 上臂紧贴身体

point 背部平直

💡 **小提示**

此练习主要强化球员的腿部力量，半蹲时，注意膝盖不要超过脚尖，降低重心，上半身保持稳定。

弹力带跪姿上举

第9章
技巧 199

体能训练

等级 ★★☆☆☆　　⏱ 时间 1分钟

扫一扫，看视频

point
呈直线上拉

point
弹力带与
地面平行

右腿屈膝跪于垫上，脚尖着地，左腿屈膝约90度于前方撑地，挺直躯干，头部呈中立位，弹力带一端固定在身体右侧的物体上，两手斜拉弹力带，右手伸直，左手屈肘，前臂与胸部平行。

双手发力拉弹力带，右臂内旋至胸前，左臂外展伸直，弹力带呈一条直线，躯干保持不变。

双手继续朝左拉弹力带，右手朝左前方伸直，左手朝后伸直，弹力带呈绷直状态。

随后手部力量逐渐减小，双手握弹力带回旋，右臂屈肘至胸前，左臂外展伸直。

最后恢复初始姿势。

💡 小提示

此练习主要强化球员的手部力量，拉伸弹力带的过程中，切换动作时稍做停留，感受手部在不同方向拉扯弹力带时用力大小的变化。注意在训练过程中，仅手部做伸屈运动，躯干及下肢保持不变。

体能训练

▶弹力带站姿水平推

等级 ★★★☆☆　　⏱时间　30秒

point
掌心对立，
五指交叉

point
两臂与地面
平行

双脚开立，间距大于肩宽，屈膝，降低重心，挺直背部，头部呈中立位，上半身微前倾。弹力带一端固定在身体后方的物体上，两臂屈曲约90度，两手交叉握住弹力带另一端于胸前。

身体姿势保持不变，双手发力，将弹力带前拉，至两臂伸直。停留片刻，双手原路返回，恢复初始姿势。

细节展示

point
膝关节微屈，
不超过脚尖

point
挺直背部